城市轨道交通装备产品认证

中国城市轨道交通协会 组织编写

人民交通出版社

北京

内 容 提 要

本书主要介绍了认证、产品认证、城市轨道交通装备产品认证的基本概念和发展情况，以及城市轨道交通装备产品认证目录、规则、标准、机构、流程以及认证采信等内容，总结提炼了国家和行业对认证工作的新设想、新要求，汇集了有关主管部门发布的相关政策文件、中国城市轨道交通协会及城市轨道交通装备认证技术委员会发布的相关通知等。

本书可用于城市轨道交通装备产品认证培训，也可作为从事城市轨道交通装备产品设计、质量管理、招投标管理、项目管理等专业人员的工作参考书。

图书在版编目(CIP)数据

城市轨道交通装备产品认证 / 中国城市轨道交通协会组织编写. — 北京：人民交通出版社股份有限公司，2025.5. — ISBN 978-7-114-20334-3

Ⅰ. U239.5

中国国家版本馆 CIP 数据核字第 2025WH4779 号

Chengshi Guidao Jiaotong Zhuangbei Chanpin Renzheng

书　　名：	城市轨道交通装备产品认证
著 作 者：	中国城市轨道交通协会
责任编辑：	杨　思
责任校对：	赵媛媛　武　琳
责任印制：	张　凯
出版发行：	人民交通出版社
地　　址：	(100011)北京市朝阳区安定门外外馆斜街 3 号
网　　址：	http：//www.ccpcl.com.cn
销售电话：	(010)85285911
总 经 销：	人民交通出版社发行部
经　　销：	各地新华书店
印　　刷：	北京印匠彩色印刷有限公司
开　　本：	787×1092　1/16
印　　张：	12.25
字　　数：	287 千
版　　次：	2025 年 5 月　第 1 版
印　　次：	2025 年 5 月　第 1 版　第 1 次印刷
书　　号：	ISBN 978-7-114-20334-3
定　　价：	49.00 元

(有印刷、装订质量问题的图书，由本社负责调换)

本书编审委员会

主　　编：王　飚
副 主 编：付德莹
主　　审：黄银霞
参编人员：郭洪玮　买思涵　李　楠　宋淘沙　曾子嘉　余　达
　　　　　毕振庆　高　莺　王甲闯　李桂华　周连军　魏　敏
　　　　　张茗渊

序

产品认证工作,自 1903 年英国首先实施以来,已走过 100 多年的历史。1981 年中国诞生第一个产品认证机构以来也有 40 多年了。中国交通产品认证方面,2003 年,铁道部率先启动铁路产品认证工作[铁道部发布《铁路产品认证管理办法》(铁科技〔2003〕104 号)];公路产品认证工作随后于 2006 年跟进[交通部成立中交(北京)交通产品认证中心有限公司];城市轨道交通(简称城轨)装备产品认证工作也在 2016 年起步,国家发改委、国家认监委联合发布《国家发展改革委 国家认监委关于开展城市轨道交通装备认证工作的通知》(发改产业〔2016〕2029 号),并授权中国城市轨道交通协会(CAMET)成立认证技术委员会。产品认证已成为市场准入管理的通行制度和主要方式,是质量管理的"体检证"、市场经济的"信用证"、国际贸易的"通行证"。

中国城市轨道交通装备产品认证工作,起步虽晚但起点较高。国家认监委和国家发改委直接指导中国城市轨道交通协会认证技术委员会的工作和认证制度的建设工作,使之成为真正意义上的由政府主管部门和行业组织共同推动、认证机构承担的自愿性认证活动;为加大认证工作的管理力度,中国城市轨道交通协会将这项本由分支机构分管的工作提升为其本部直接管理;我也从一开始就提出要"扶持有潜质、有实力的第三方认证机构成为具有国际公信力的认证机构""着力制定适合城轨装备特性的认证模式、促进创新产品安全高质量发展";中国城市轨道交通协会制定的智慧城轨、绿色城轨、融合城轨等纲领性文件中,都将其作为重要保障措施;现已建立较为完整

· 1 ·

的国推自愿性产品认证制度，发布 12 个系统 48 个产品的认证目录和认证规则，发出 CURC 认证证书 263 张（截至 2024 年底），该制度正逐步成为调节行业市场的重要手段。

人才是关键，教育是基石。城市轨道交通装备产品认证的人才教育培训工作，从一开始就提上了日程，2019 年正式启动的专员培训班，前后已办七期，有 140 家单位的 408 名学员获得结业证书，本书即为认证培训的教材。《城市轨道交通装备产品认证》出版前历经多次修改，梳理了城轨装备产品认证的基本概念和发展历程，涵盖了城轨装备产品认证的目录、规则、标准、机构、流程、采信等内容，汇集了政府主管部门的政策文件和协会相关管理制度等，包含了城轨装备产品认证的方方面面，既是一本教材，也是一部工具书，不仅可用于认证培训的学员学习，也适用于从事城轨装备产品设计、质量管理、招投标管理、项目管理等专业人员学习，成为助推城轨装备安全高质量发展的参考书。

惟改革者兴，惟创新者强，惟改革创新者胜。近年来国家推动了一系列认证工作的改革创新举措，既涉及服务碳达峰、碳中和等目标的业务性改革创新，也涉及统筹运用产品、服务、管理体系等多种认证手段助力产业发展的体系性改革创新，还涉及贯穿于产品全生命周期、全产业链供应链促进行业高质量发展的全方位的制度性改革创新，必将翻开认证工作崭新的一页。借此机遇，出版本书，希望读者能够带着责任感和使命感去学习并实践，不失时机地持续推进产品认证工作的改革，不断创新产品认证工作的思路，借改革创新之势，后来居上，把城市轨道交通装备产品认证工作推向新的高度，为城市轨道交通可持续高质量发展保驾护航。

2024 年 12 月 31 日

前言

2016年,《国家发展改革委 国家认监委关于开展城市轨道交通装备认证工作的通知》(发改产业〔2016〕2029号)发布,宣告城市轨道交通装备认证工作启动。2017年两委发布认证实施意见和第一批目录,2019年国家认监委发布认证机构资质条件和认证实施规则、同年10月批复第一家具备认证资质的机构,到2020年1月认证机构颁发第一批认证证书,历时三年多,城市轨道交通装备产品认证(China Urban Rail Certification,CURC)工作方才正式运转起来。

期间,中国城市轨道交通协会从零起步,组织了产品认证专员培训,搭建了认证信息平台,推动了认证结果采信,夯实了行业认证工作基础。2023年10月,第二批目录和规则发布,表明城市轨道交通装备产品认证工作已进入常态化发展阶段。但从行业整体看,掌握认证基础知识的从业人员占比仍然较低,与其重要程度不相匹配。为此,中国城市轨道交通协会拟将培训教材出版,作为从事轨道交通产品设计、质量管理、招投标管理以及项目管理等业务人员的工具书,帮助他们掌握相关内容。

中国城市轨道交通协会从2019年组织首期产品认证专员培训开始,即着手编制了培训教材,期间历经多次修改,本书是在此培训教材基础上整理完善形成。本书共设10个章节,详细介绍了认证、产品认证、城市轨道交通装备产品认证的基本概念和发展历程,城市轨道交通装备产品认证目录、规则、标准、机构、流程以及认证采信等内容,总结提炼了国家和行业对认证工作的新设想、新要求,同时汇集了有关主管部门发布的相关政策文件、中国城市轨道交通协会及城市轨道交通装备认证技术委员会发布的相关通知等内容。

为方便读者全面了解认证工作，本书不仅详细介绍了城市轨道交通装备产品认证本身的情况，还普及了认证和产品认证的基本概念，列举了世界范围内其他主流认证工作的开展情况，如 ISO 22163 质量管理体系认证、焊接体系认证、粘接体系认证、欧盟的 TSI 认证等，分析了产品认证与我国城市轨道交通行业其他第三方合格评定活动的关联和区别，如工程安全评估、试运营前安全评价、初期运营前安全评估、正式运营前安全评估、功能安全评估等。

本书由中国城市轨道交通协会认证部组织并主笔，王飚负责总体架构搭建和内容审核，付德莹负责城市轨道交通装备产品认证相关章节内容的编写，高莺、王甲闯、李桂华、周连军、魏敏、张茗渊负责认证、产品认证、产品认证与工程安全评估等其他第三方业务的关系、功能安全认证（评估）等章节内容的编写，郭洪玮、买思涵、李楠、宋洵沙、曾子嘉、余达、毕振庆负责部分内容补充、引用内容更新、排版和校对等工作，黄银霞担任主审。

本书编写过程中得到了行业相关专家和各认证机构的大力支持，在此深表感谢。城市轨道交通装备产品认证工作还处在不断发展、不断完善的过程中，书中难免会有不足之处，欢迎读者提出宝贵意见，相关意见建议请发送至 rzw@camet.org.cn，以便今后修订和完善。

编　者
2024 年 12 月

目录

| 第一章 | 认证 | 1 |

第一节　合格评定概述 …………………………………………… 3
第二节　认证及其分类 …………………………………………… 4
第三节　城市轨道交通行业常见的特色认证活动 ……………… 7

| 第二章 | 产品认证 | 13 |

第一节　产品认证的起源和发展历程 …………………………… 15
第二节　产品认证模式 …………………………………………… 17
第三节　产品认证在国内外的应用情况 ………………………… 19

| 第三章 | 城市轨道交通装备产品认证 | 23 |

第一节　城市轨道交通装备产品认证的基本概念和发展历程 … 25
第二节　城市轨道交通装备产业政策概述 ……………………… 27
第三节　开展城市轨道交通装备产品认证的背景和意义 ……… 30
第四节　城市轨道交通装备产品认证工作管理体系 …………… 32
第五节　产品认证与工程安全评估等其他第三方业务的关系 … 35
第六节　产品认证与功能安全评估 ……………………………… 42

| 第四章 | 城市轨道交通装备产品认证目录 | 45 |

第一节　城市轨道交通装备产品认证目录概述 ………………… 47
第二节　已发布的城市轨道交通装备产品认证目录 …………… 49

| 第五章 | 城市轨道交通装备产品认证规则 | 55 |

第一节　城市轨道交通装备产品认证规则概述 ………………… 57
第二节　城市轨道交通装备产品认证规则的具体内容 ………… 59

第六章	城市轨道交通装备产品认证标准 …………………………… 61
	第一节　城市轨道交通装备产品认证标准概述 ……………… 63
	第二节　对城市轨道交通装备产品认证标准的要求 ………… 64

第七章	城市轨道交通装备产品认证机构 …………………………… 67
	第一节　对认证机构的基本要求 ……………………………… 69
	第二节　城市轨道交通行业对认证机构的要求 ……………… 73

第八章	城市轨道交通装备产品认证流程 …………………………… 75
	第一节　城市轨道交通装备产品认证流程概述 ……………… 77
	第二节　认证委托 ……………………………………………… 81
	第三节　型式试验 ……………………………………………… 83
	第四节　功能安全认证（适用时） …………………………… 86
	第五节　初始工厂检查 ………………………………………… 90
	第六节　认证结果评定及认证时限 …………………………… 100
	第七节　获证后监督 …………………………………………… 101
	第八节　产品认证证书 ………………………………………… 103
	第九节　认证变更、扩项或范围缩小 ………………………… 107
	第十节　认证证书的暂停、注销和撤销 ……………………… 110
	第十一节　认证标志的使用 …………………………………… 112

第九章	城市轨道交通装备产品认证采信 …………………………… 117
	第一节　城市轨道交通装备产品认证采信概述 ……………… 119
	第二节　认证采信工作推进情况 ……………………………… 121

第十章	城市轨道交通行业认证工作展望 …………………………… 125
	第一节　国家政策方向 ………………………………………… 127
	第二节　协会工作引导 ………………………………………… 129

附录	…………………………………………………………………… 131
	附录A　国家发展改革委　国家认监委关于开展城市轨道交通装备认证工作的通知 ………………………………………… 133

附录 B　国家认证认可监督管理委员会　国家发展和改革委员会关于印发《城市轨道交通装备认证实施意见》及《城市轨道交通装备产品认证第一批目录》的通知 …………………………………………………… 135

附录 C　国家发展改革委办公厅关于加强城市轨道交通车辆投资项目监管有关事项的通知 ……………………………………………………………… 141

附录 D　关于促进首台(套)重大技术装备示范应用的意见 ……………… 143

附录 E　认监委关于明确城市轨道交通装备认证机构资质条件及认证实施规则的公告 ………………………………………………………………… 150

附录 F　关于发布《城市轨道交通装备产品认证标志使用说明》《城市轨道交通装备产品认证证书编号建议》和《CURC 首批目录设备代码表》的通知 ……………………………………………………………………… 151

附录 G　关于全面启动城市轨道交通装备产品认证采信工作的通知 …… 158

附录 H　城市轨道交通牵引和信号系统评标办法范本中关于产品认证要求的澄清与建议 …………………………………………………………… 163

附录 I　市场监管总局　国家发展改革委关于发布《城市轨道交通装备产品认证第二批目录》的公告 …………………………………………… 168

附录 J　国家认监委关于发布第二批城市轨道交通装备产品认证实施规则的公告 ……………………………………………………………………… 171

附录 K　关于转发《市场监管总局　国家发展改革委关于发布〈城市轨道交通装备产品认证第二批目录〉的公告》和《国家认监委关于发布第二批城市轨道交通装备产品认证实施规则的公告》的通知 ………… 172

附录 L　关于更新《CURC 目录设备代码表》的通知 ……………………… 174

附录 M　关于城市轨道交通牵引传动系统和 CBTC 系统认证实施规则换版对认证和采信工作产生影响的说明 ……………………………… 179

附录 N　城市轨道交通牵引传动系统和 CBTC 系统认证实施规则换版差异表 …………………………………………………………………… 181

参考文献 …………………………………………………………………… **182**

第一章
认证

第一节 合格评定概述

一、合格评定的概念

根据《合格评定 词汇和通用原则》(GB/T 270000—2023),合格评定是指与产品、过程、体系、人员或机构有关的规定要求得到满足的证实。

二、合格评定的分类

(1)合格评定活动包括但不限于检测、检验、审定、核查、认证及认可。

检测(testing):按照程序确定合格评定对象的一个或多个特性。

检验(inspection):对合格评定对象的审查,并确定其与具体要求的符合性,或在专业判断的基础上确定其与通用要求的符合性。

审定(validation):通过提供规定要求已得到满足的客观证据,对特定预期用途或应用的合理性予以认定。

核查(verification):通过提供规定要求已得到满足的客观证据,对真实性予以认定。

认证(certification):与合格评定对象有关的第三方证明,认可除外。

认可(accreditation):正式表明合格评定机构具备实施特定合格评定活动的能力、公正性和一致运作的第三方证明。

(2)按照合格评定程序实施的部门可分为以下三类:

第一方合格评定活动,由合格评定对象的提供方或合规评定对象自身的人员或组织实施的合格评定活动。

第二方合格评定活动,由在合格评定对象中具有使用方利益的人员或组织进行的合格评定活动。

第三方合格评定活动,由既独立于提供合格评定对象的人员或组织,又独立于在对象中具有使用方利益的人员或组织的人员或机构进行的合格评定活动。产品认证即属于第三方合格评定活动。

第二节 认证及其分类

一、认证的基本概念

认证是指由认证机构证明产品、服务、管理体系符合相关技术规范、相关技术规范的强制性要求或者标准的合格评定活动。

二、认证的分类

（一）按照认证对象划分

1. 产品认证

产品认证是指由满足《合格评定 产品、过程和服务认证机构要求》(GB/T 27065)的第三方认证机构，依据产品标准和相关技术要求，确认并颁发产品认证证书及标志，以证明某一(类)产品符合相应标准和相关技术要求的活动。产品认证的对象是特定产品。

产品认证的作用包括建立规范的市场秩序，保护消费者安全、健康和合法权益，督促企业建立良好的质量管理水平，提高国内产品在国际市场的竞争力等。

常见的产品认证有中国强制认证(China Compulsory Certification,CCC)、绿色食品认证、有机产品认证等。

截至2024年底，我国共颁发产品认证证书1773541张，获证组织数量222920家。

2. 服务认证

服务认证是指由满足《合格评定 产品、过程和服务认证机构要求》(GB/T 27065)的第三方认证机构，运用合格评定技术对服务提供者的服务及管理是否达到相关要求开展的第三方证明。服务认证的对象是一项服务或者服务产品。

服务认证可以有效缓解服务提供者和顾客间相关信息不对等问题，增强利益相关方对服务的信任度，规范服务行业发展秩序等。

常见的服务认证有商品售后服务评价体系认证、体育场所服务认证、汽车玻璃零配安装服务认证、环境服务认证等。

截至2024年底,我国服务认证证书发证77104张,获证组织数量49850家。

3. 管理体系认证

管理体系认证是指由满足《合格评定 产品、过程和服务认证机构要求》(GB/T 27065)的第三方认证机构,运用合格评定技术对组织的管理体系是否达到相关要求开展的第三方证明。管理体系认证的对象是组织的管理体系。

管理体系认证是一个很大的范畴,除了广泛流行的ISO 9001质量管理体系认证外,还涉及很多专业领域的管理体系认证活动,比较常见的有环境认证、职业健康安全认证、能源管理体系认证等。

ISO 9001质量管理体系认证是诞生最早、影响力最大的管理体系认证活动,具有帮助企业确保产品品质、优化运营环节、提升企业管理能力、提高客户满意度、规避法律风险等重要作用。

ISO 14001环境管理体系认证活动是在应对环境污染、资源低效使用、废物管理不当、气候变化等环境压力加大的背景下产生的,通过认证可以帮助企业预防或减小对环境的不利影响,合规履行义务,提升环境绩效。

ISO 45001职业健康安全管理体系认证项目是20世纪80年代后期在国际上兴起的现代安全生产管理模式,为各类企事业单位提供了结构化的安全管理运行机制,可以帮助企业提高职业健康安全管理水平和职业健康安全绩效。

ISO 50001能源管理体系认证项目结合能源管理的特点和特殊要求,将管理和节能技术相融合,可以帮助企业提高能源效率和能源绩效,有助于节约和合理利用能源,降低经营成本,建立节能减排的理念。

截至2024年底,我国共颁发管理体系认证证书2307621张,获证组织数量955982家,从数量分布来看,质量管理体系认证、环境管理体系认证、职业健康安全管理体系认证占比最多,分别为42%、23%、21%。

(二)按照强制与否划分

1. 强制性认证

强制性认证,又称为法律性认证,是指政府部门为达到保护消费者人身安全和健康、保护环境、保护国家安全等目的,对相关产品强制性实施的认证制度。

强制性认证是国家保护消费者人身安全和健康的重要手段,是促进经济贸易发展和保护消费者权益的有效方法,也是市场准入的基本条件之一。一般情况下,强制性认证的目录和规则由政府部门制定。

常见的强制性认证有我国的CCC认证、欧盟的欧洲符合性认证(Conformite Europeenne,CE)等。

2. 自愿性认证

自愿性认证,又称非法规性认证或商业性认证,是指组织为了证明或提高自身管理水平、产品质量、服务质量,而自愿申请的认证。

自愿性认证能有效提升企业市场竞争力,是企业自身管理水平、产品质量或服务质量的有效证明,能更好地向利益相关方展示自身水平。

强制性认证以外的认证活动均属自愿性认证范畴。

第三节
城市轨道交通行业常见的特色认证活动

一、ISO 22163 质量管理体系认证

2010 年左右,由于出口要求,我国轨道交通生产制造企业在 ISO 9001 开展的管理体系认证基础上,开始逐步申请欧洲铁路行业协会(Union of the European Rail Industry,UNIFE)推行的国际铁路行业标准(International Railway Industry Standard,IRIS)质量管理体系认证,简称I-RIS 认证。截至 2023 年,IRIS 认证中超过 60% 的认证企业来自中国。由于 IRIS 认证方案持有者是西门子 SIEMENS、庞巴迪 BOMBARDIER、阿尔斯通 ALSTOM 等欧洲主要整车供应商,并非代表世界各国轨道交通用户的共同需求,因此在 2015 年国际标准化组织(International Organization for Standardization,ISO)铁路应用技术委员会 ISO/TC269 全体大会上,确定设立"铁路质量管理体系"特别工作组,开展"在 ISO 9001 基础上制定轨道交通质量管理体系特定要求"的研究工作,并于 2017 年 5 月,发布《Railway applications-Quality management system-Business management system requirements for rail organizations:ISO 9001:2015 and particular requirements for application in the railway sector》(ISO/TS 22163:2017),即《轨道交通应用 质量管理体系 铁路组织经营管理体系要求:ISO 9001:2015 和铁路领域应用的特殊要求》技术规范。

由于 ISO/TS 22163:2017 技术规范在应用中仍存在国际通用性等方面问题,因此在 2017 年 11 月,ISO/TC 269 成立"铁路质量管理体系"工作组,继续推进 ISO/TS 22163:2017 的修订工作。工作组以航空航天和汽车行业等类似的质量标准为模型,在 ISO 9001 基础上,针对轨道交通行业特点,增加了强调供应链缺陷预防、缺陷减少和产品安全性等质量属性的特定要求,经过近 6 年研究,组织召开 30 余次国际会议,对来自中国、法国、德国、日本、英国、意大利、比利时、加拿大、美国和俄罗斯等各国轨道交通相关专家的近千条意见进行了充分的论证研究,最终于 2023 年 7 月正式发布 ISO 22163:2023《Railway applications-Railway quality management system-ISO 9001:2015 and specific requirements for application in the railway sector》(ISO 22163:2023),即《铁路应用 铁路质量管理体系 ISO 9001:2015 和铁路行业应用的特定要求》。

ISO 22163 在 ISO 9001 质量标准的基础之上,将轨道交通行业的特殊要求融入标准中,保留了 ISO 9001 的全部条款,继承了 ISO 9001 标准的质量管理理念、原则和基础,在绝大多数 ISO 9001 条款上做了扩展和延伸,新增了社会责任、过程所有者、业务连续性、投标管理、供应链管理、RAMS/LCC 等轨道交通应用特色的实操内容,覆盖了轨道交通相关的工业产品和服务的整个供应链。

目前,ISO 22163 已成为轨道交通行业最重要的管理体系标准之一。为寻求 ISO 22163 认证的国际互认,经 ISO/TC 269 全体大会决议决定,2018 年 12 月专门成立了"合格评定"特别工作组 AG18,该工作组经过几年的研究讨论,同期提出了《铁路应用　铁路质量管理体系合格评定方案的关键要素》(ISO/TR 8931),但该标准提案目前未能通过实施,AG18 确定在 ISO 22163 标准发布实施三年后,根据各国应用反馈择机再次启动国际标准认证方案制定工作。

近年来,我国轨道交通总体技术发展已经达到世界先进水平,因此,中国亟须建立具有我国自主知识产权的轨道交通行业质量管理体系认证方案。2024 年 4 月,基于 ISO 22163 的《铁路质量管理体系要求》国标项目正式立项,计划于 2025 年下半年发布;2024 年 1 月,基于 ISO 22163 和可信性标准的《城市轨道交通　质量管理体系　第 1 部分:要求》中国城市轨道交通协会的团标项目正式立项,计划于 2025 年中发布,相关认证制度也会同步制定,这不仅有利于打破 IRIS 认证壁垒,还可为进一步推动 ISO 合格评定方案、寻求国际互认增强更多中国话语权。

二、焊接体系认证

在轨道车辆及其部件的制造过程中,焊接是一种特殊工艺,对于该工艺要求的条款列于 EN ISO 3834 标准系列中,EN 15085 是基于 EN ISO 3834 标准对铁道车辆及其部件的焊接系列标准。

EN 15085 系列标准对企业焊接质量、焊接管理人员和焊工的资质、设计结构、生产工艺管理、产品质量监督检验等都提出了详尽、规范的要求。此标准最早来自德国,后来整个欧洲都在采用,目前在欧洲处于权威地位。

随着中国铁路的发展,国内铁路企业和欧洲主要铁路制造企业的交流合作越来越多,通过标准体系认证是我国轨道车辆和车辆部件企业的产品出口到欧盟国家必备的条件。自 2009 年起,中国铁道部、各地地铁主管部门也已将 EN 15085 认证作为对我国高速铁路及地铁配套相关企业的强制性认证要求。

焊接,符合 ISO 9001 中关于特殊过程的定义,在轨道车辆的生产中,被定义为特殊过程。对于特殊过程的质量,不仅仅是对最终产品的符合性进行检查,更是要对整个过程进行全面的质量管理,以过程受控,保证结果符合。

为了定义好焊接过程应控制的各个过程因素,ISO 3834 在 ISO 9001 的指导原则下,结合焊接领域的特点,从 22 个项点来进行全面过程管理。欧盟国家为了严格控制轨道车辆产品的焊接质量,专门制定了《铁路应用　轨道车辆及其零部件的焊接》(EN 15085)系列标准,EN 15085 系列标准由 DIN 6700 衍化而来,是在 ISO 3834 的基础上,又集合了轨道车辆的应用特点,考虑 EN 50126 中的 RAMS 指标,形成的轨道车辆领域焊接全面质量管理标准。

EN 15085 系列标准于 2020—2023 年先后进行了更新,新版系列标准由 6 部分组成,全

面、系统地规定了如下内容:

第1部分:总则,主要规定焊接中有关的术语和基本要求。

第2部分:焊接制造商的质量要求及资格认证,主要规定焊接企业的资格认证等级、质量要求、认证程序。新版标准中对焊接制造商的认证规定3个认证等级(CL1~CL3级),不同认证等级对应的质量和人员要求见表1-1。

不同认证等级对应的质量和人员要求　　　　表1-1

制造商焊接管理要求	活动类型	分类等级		
		CL1	CL2	CL3
根据EN 15085-3的焊缝质量等级(CP)	P,M,D,S	全部	CP B2,CP C2,CP C3 及 CP D	低安全等级的 CP C2 和 CP C3;以及 CP D
质量要求	P,M,D,S	EN ISO 3834-2 EN ISO 14554-1	EN ISO 3834-3 EN ISO 14554-2	EN ISO 3834-4 EN ISO 14554-2
主管焊接责任人,最低级别	P,D	A级	B级	C级
	S	B级	C级	C级
	M	A级	B级	C级

第3部分:设计要求,主要规定设计要求、缺欠质量等级、母材和焊材的选择、焊接接头的设计等方面内容。

第4部分:生产要求,主要规定焊前准备、焊接要求、轨道车辆维修焊接的特殊要求等方面内容。

第5部分:检验、试验与文件,主要规定焊接接头的检验和试验、检验计划和检验准则、文件、不合格项及纠正措施、分承包商、符合性声明和可追溯性等内容。

第6部分:维修焊接要求,主要规定了轨道车辆和部件的维护或维修活动中应遵循的焊接质量要求以及设计和生产要求。

该系列标准于2007年11月正式发布,从2008年4月开始在欧盟内部强制推行,取代欧盟各成员国内的国家标准,目前已成为欧盟国家控制焊接企业产品质量和规范焊接企业认证的主要标准。同时,欧盟要求,其他国家出口到欧盟的焊接产品,必须通过EN 15085系列标准的认证。随着我国轨道交通事业的迅速发展,我国轨道交通装备制造企业出口到欧盟的产品日益增加,因此,通过EN 15085系列标准的认证,已成为我国轨道交通装备制造企业产品出口到欧盟国家的必备条件。

三、粘接体系认证

粘接是轨道交通车辆产品制造过程的特殊和关键过程,需要从多方面进行质量控制。DIN 6701粘接质量管理体系提供了系统的控制理论和方法,能够有效保证粘接产品的过程受控及结果可靠。DIN 6701粘接体系认证是国际大公司评定合作伙伴的重要标准体系之一,也是进入国际市场的通行证。

DIN 6701 是由德国轨道车辆标准委员会(FSF)"轨道车辆制造中的粘接技术"工作委员会联合德国弗劳恩霍夫科学院·先进材料与制造技术研究所(Frunhofer Institut für Fertigungstechnik und Angewandte Materialforschung,简称 Frunhofer IFAM)制定的关于轨道车辆和轨道车辆部件粘接的标准。该系列标准明确了轨道车辆及其零部件制造、维修中搭接件粘接与密封的质量管理要求。该系列标准由 4 个部分组成:

第 1 部分:基本术语,基本原则,规范了粘接的基本术语。

第 2 部分:操作企业的资格认证,规定了用胶企业的资质及合规评定,对胶黏剂、粘接结构、粘接人员、粘接环境等方面进行规定了监督和考核要求。

第 3 部分:铁路车辆中粘接处的设计及指导手册,规定在进行粘接设计时,需考虑应力分析(总体要求),生产方面的考虑如批量的大小等,适用应力的确定,力学的(静态的、动态的),物理学的(如热辐射、紫外线),媒介(如潮湿、气体),可受应力性分析,表面状态,材料特性/胶黏剂特性,几何形状等技术要求。

第 4 部分:生产控制与质量保证,规定了粘接工艺规范和质量保证规范等内容。在进行粘接工艺规划时,应考虑工艺步骤/施工条件/施工过程,胶黏剂、密封剂、辅助材料、使用的工具,表面处理,胶黏剂的准备、称量、涂胶,固化条件及时间,技术要求、人员,生产设备设施要求等,同时应考虑生产过程的质量保证包括粘接检验的时机、频次、环境要求、粘接方法和粘接等级等内容。

DIN 6701 系列标准对粘接技术人员的资质要求非常高,企业应根据其制造和维修过程的粘接等级,为粘接质量控制配备足够的和有能力的设计、实施和监控粘接技术生产的人员,并对这些人员进行有效管理,目前粘接资质人员一般包括如下 3 个等级:

(1)欧洲粘接工程师(European Adhesive Engineer,EAE):应具有所有粘接相关任务如设计和开发、过程规划、制造、维修、采购等过程的规划、执行、监督和检验的综合知识,在粘接技术方面,有思考、决策和执行能力,对产品的整个生命周期负责。

(2)欧洲粘接技师(European Adhesive Specialist,EAS):应具有在选定或受限区域内完成所有任务规划、执行、监督和检验所需的专业知识。如编制作业指导书、正确实施粘接工艺过程,指导、监督或管理操作员或工人进行粘接工作,能控制过程参数,识别异常现象,质量策划与管理等。

(3)欧洲粘接操作员(European Adhesive Bonding Operator,EAB):应理解胶黏剂的特征和粘接特殊工序的意义,能准确理解和执行胶黏剂粘接的工艺操作规程。

目前全球已有 500 多家企业按照 DIN 6701 标准取得认证,其中包括中国轨道交通行业主机厂和部件厂在内的 50 多家中国企业已成功获得 DIN 6701 A1、A2 级认证资质,且该数字正在快速增加。

四、欧盟 TSI 认证

欧盟铁路互联互通技术规范([EU]2023/1695,Technical Specification for Interoperability,TSI)是欧盟关于铁路子系统及其互联互通构建的技术法规,是为了消除欧盟国与国之间跨国铁路运输发展的障碍,进一步提高铁路运输效率,构筑泛欧铁路运输网,从而达到互联互通的要求,TSI 是由铁路管理机构根据欧盟铁路互联互通指令(EC)的要求,编制的旨在保证铁路运输互联互通运营的技术规范。

TSI 认证法规体系基本架构主要由 4 个部分组成:

(1)欧盟指令,规定了铁路系统的基本要求和子系统的 EC 验证程序,是对成员国具有约束力的欧盟法律,须使其变成本国的法律。一般给成员国一定的时间开始执行,各成员国可自行选择实施方法。

(2)TSI 是欧盟委员会以"条例"的形式发布的一种技术规范,各成员国须遵照执行。

(3)协调标准,涵盖成员国达成共识但没有在 TSI 中体现的部分,用于支持 TSI 或者提供详细信息,在 TSI 中引用,为强制性或参考性标准。

(4)公示的国家技术规则,解决 TSI 中的开口项,用于支持特殊的国家需求及差异,但不得违背基本要求。

根据基于的法规/标准的层次不同,评估分为 3 类符合性评估机构:

(1)公示机构(Notified Body,NoBo),根据 TSI 及适用 EN 标准进行符合性评估及认证;

(2)指定机构(Designated Body,DeBo),依据公示的国家技术规则进行符合性评估;

(3)评估机构(Assessment Body,AsBo),根据一般安全方法进行风险评估。

TSI 认证及准入流程图如图 1-1 所示,体现由不同类别的认证机构,在不同阶段,基于不同的标准及规范要求进行认证的全过程。TSI 认证是一个认证机构、制造商及准入国家安全主管机构共同参与的过程。在没有具体目标应用项目之前,主要完成由 NoBo 作为合格评定机构的 TSI 通用应用的认证。

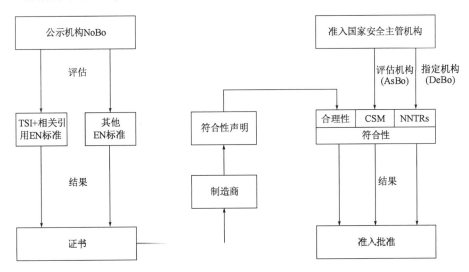

图 1-1　TSI 认证及准入流程图

CSM-Common Safety Methods,通用安全方法;NNTRs-Notified National Technical Rules,已通报的国家技术规则

TSI 规定了可用于互通部件一致性评估和子系统验证的模块,由互通部件一致性评估或子系统验证的申请人在 TSI 规定的范围内选择模块或模块组合进行认证申请。

申请 TSI 认证的一般程序:

(1)根据用户需求选择适当的认证模块/模块组合和认证基线,向公示机构提出认证申请;

(2)双方签订认证合同;
(3)设计及生产文件评估和审核;
(4)样机试制和试验;
(5)试验见证和结果判定;
(6)生产现场和质量管理体系的审核;
(7)报告和证书签发。

按照欧盟铁路互联互通技术规范的要求,开展符合性认证并获得证书,是铁路产品进入欧盟及欧洲自由贸易区国家市场的必备条件。

第二章
产品认证

第一节
产品认证的起源和发展历程

国际标准化组织(ISO)将产品认证定义为:由第三方通过检验评定企业的质量管理体系和样品型式试验来确认企业的产品、过程或服务是否符合特定要求,是否具备持续稳定地生产符合标准要求产品的能力,并给予书面证明的程序。

近代的产品认证制度最早出现在英国。18世纪中叶,在英国伦敦泰晤士河的劳埃德咖啡馆成立了第一个船检机构(劳氏船级社),这就是现代船级社的前身。船级社形成了一套针对船舶的成熟的"入级制度",实际上就是一套先进的认证制度。1903年,英国工程标准委员会率先建立了认证制度,在符合标准的铁路钢轨上加施"风筝标志";1919年,英国颁布《商标法》,规定凡经验证合格的商品均应加施"风筝标志"。随后,很多工业发达的国家和经济强国都纷纷建立自己国家的产品认证制度。与此同时,民间机构也逐步介入,为认证活动的广泛开展建立了社会基础。目前,世界上已有100多个国家和地区相继开展了以国家认证制度为主体的产品认证工作。产品认证已经成为国内外通行的产品质量评价手段,其发展主要分为三个阶段。

第一阶段:通过国家立法,建立国家认证制度(20世纪50年代前)。

这一阶段是认证活动发展的初级阶段,各国通过国家立法,依据国家标准建立国家认证制度。

1938年,法国开始实行以法国国家标准为基础的"NF"国家标志认证制度。20世纪40年代初,加拿大开始实施产品质量认证活动,推行"CSA标志"制度,经认证合格的产品,可加施"CSA标志"。日本于1949年制定了《日本工业标准化法》,开始推行"JIS标志"认证制度。在这个时期,诸如美国、比利时、葡萄牙、丹麦、芬兰等多个国家,为了迅速治愈第二次世界大战的创伤,也先后实行依据指定标准的国家产品认证制度。各国对认证制度的普遍推行,使其成为对产品实施质量监督的通用手段。

第二阶段:开放国家认证制度,推动国际双边、多边认可和区域认证制度的建立(20世纪50—70年代)。

国家认证制度的建立与实施,使这些国家取得了显著的经济效益,但如果各国建立的认证制度、依据的认证标准不能相互承认,势必在国际贸易的商品流通中形成"技术壁垒",同时,重复检查、试验和收费也给企业带来了沉重负担,于是,认证活动开始向国际化发展。

在某些领域,美国、英国、日本、德国、法国等一些主要工业发达国家的认证机构之间建立了相互承认的合作关系,国际认证活动的合作推动了区域认证制度的建立和发展;1969 年前欧共体理事会通过了《消除商品贸易中技术性壁垒的一般性纲领》,开始推行区域认证制度;1970 年,国际标准化组织成立了认证委员会,陆续制定了包括"符合性认证""实验室认可"等要求在内的 20 多个指南,以指导国家、区域和国际认证制度的建立和发展。

第三阶段:逐步建立以国际标准为依据的国际认证制度并强化区域性认证(20 世纪 80 年代以后)。

1985 年,ISO 在原认证委员会的基础上成立国际标准化组织合格评定委员会(International Organization for Standardization/Committee on Conformity Assessment, ISO/CASCO),将合格评定活动从已有的产品质量认证领域扩展到实验室认可和质量管理体系评审,同时对以往制定的指南陆续进行全面修订和补充。1994 年,世界贸易组织(World Trade Organization, WTO)的前身关税及贸易总协定(简称关贸总协定)组织"乌拉圭回合"多边贸易谈判,108 个成员方签署了《乌拉圭协议》,规定了各国开展合格评定时必须遵守的六项原则,即非歧视原则、遵守国际标准原则、统一原则、透明度原则、国际化原则和有限干预原则。

第二节
产品认证模式

国际标准化组织(ISO)出版的《认证的原则与实践》一书将国际通行的产品认证模式归纳为型式试验、质量体系评定和认证后监督(市场抽样检验、工厂抽样检验和质量体系复查),此种认证制度的显著特点是在批准认证的条件中增加了对产品生产厂质量体系的检查评定,在批准认证后的监督措施中也增加了对生产厂质量体系的复查,该模式认证可信度较高,被各国普遍采用。国际上现行通用的产品认证制度归纳为八种模式,见表2-1。

产品认证模式 表2-1

认证模式	型式试验	质量体系评定	认证后监督		
			市场抽样检验	工厂抽样检验	质量体系复查
1	●				
2	●		●		
3	●			●	
4	●		●	●	
5	●	●		●	
6	●	●			●
7	批量检验				
8	100%检验				

第一种认证模式:型式试验。按规定的方法对产品的样品进行试验,以证明样品是否符合标准或技术规范的全部要求。

第二种认证模式:型式试验+认证后监督(市场抽样检验)。这是一种带有监督措施的认证制度,监督的方法是从市场上购买样品或从批发商、零售商的仓库中随机抽样进行检验,以证明认证产品的质量持续符合认证标准的要求。

第三种认证模式:型式试验+认证后监督(工厂抽样检验)。这种认证制度与第二种类似,只是监督的方式有所不同,不是从市场上抽样,而是从生产厂发货前的产品中随机抽样进行检验。

第四种认证模式:型式试验+认证后监督(市场和工厂抽样检验)。这种认证制度是第二种和第三种的综合。

第五种认证模式:型式试验+质量体系评定+认证后监督(质量体系复查+工厂和市场抽样检验)。此种认证制度的显著特点是在批准认证的条件中增加了对产品生产厂质量体系的检查评定,在批准认证后的监督措施中也增加了对生产厂质量体系的复查。

第六种认证模式:型式试验+质量体系评定+认证后的质量体系复查。这种认证制度是对生产厂按所要求的技术规范生产产品的质量体系进行检查评定,常称为质量体系认证。

第七种认证模式:批量检验。根据规定的抽样方案,对一批产品进行抽样检验,并据此对该批产品是否符合认证标准要求进行判断。

第八种认证模式:100%检验。对每个产品在出厂前都要依据标准经认可独立的检验机构进行检验。

产品认证的一般流程如图2-1所示。

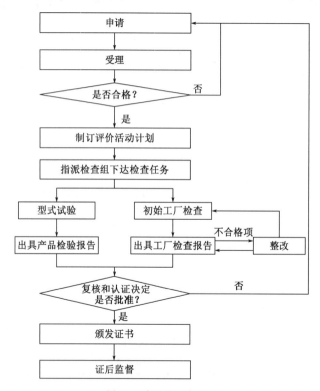

图2-1 产品认证流程图

第三节
产品认证在国内外的应用情况

一、国外产品认证的应用情况

(一)英国的产品认证制度

近代的产品认证制度最早出现在英国。英国被称为产品认证制度的始祖。1903年,英国工程标准委员会首创了世界上第一个用于符合尺寸标准的"BS标志",又称"风筝标志"。1919年,英国政府制定了《商标法》,规定要对商品执行检验,合格产品也配以"风筝标志"。1922年,该标志按照英国商标法注册,成为受法律保护的认证标志。产品认证自此成为国际上通行的,用于产品安全、质量、环保等特性评价、监督和管理的有效手段。

英国标准允许自愿采用,产品认证也可自愿申请,只有少数涉及安全、卫生和环境污染的产品由政府规定必须接受认证,带有强制性。BS标准现约有8000个,其中由政府颁布法令规定在有关产品上必须采用的标准约有300项,而在这些产品中,约10%由法律规定必须接受认证。

(二)美国的产品认证制度

美国的标准化、技术监督和产品认证体系比较分散。全国有400多个专业学会、协会或行业组织制定各专业领域的技术标准。具有影响力的主要有美国材料与试验学会(American Society for Testing and Materials, ASTM)、美国机械工程师学会(American Society of Mechanical Engineers, ASME)、电气与电子工程师协会(Institute of Electrical and Electronics Engineers, IEEE)、美国汽车工程师学会(Society of Automotive Engineers, SAE)、美国石油协会(American Petroleum Institute, API)、美国焊接学会(American Welding Society, AWS)和美国采暖、制冷与空调工程师学会(American Society of Heating, Refrigerating and Air-Conditioning Engineers, Inc., ASHRAE)等。

美国的职业安全与健康管理局、消费者产品安全委员会、国家环境保护局、联邦贸易委员会、商务部、食品药品监督管理局、能源部等政府部门都有各自的技术监督体系,同时也推行管理产品认证和实验室认证。仅少数技术监督机构和认证机构由官方建立,大多数由授权的独立民营实验室或保险公司的实验室兼任。有些实验室由于技术力量雄厚,业务范围广,一般具有多个政府管理部门的技术监督或检验任务任命。

(三)德国的产品认证制度

在德国以"第三方"身份执行工业产品质量检定和监督的制度有两大系统,分别为德意志联邦共和国技术监督协会(Technischer überwachungs-Verein,TÜV)以及由德国标准化协会(Deutsches Institut für Nor-mung,DIN)和德国电气工程师协会(Verband Deutscher Elektrotechniker,VDE)执行的机电产品认证。

德国采取"技术监督"与"产品认证"并行的体制。"技术监督"带有强制性,法律规定涉及工业安全、环境保护和健康卫生的产品和设备,必须接受技术监督;"产品认证"在德国除少数产品外均为自愿性,经过产品认证的企业,在受到监督和约束的同时,对产品质量进行了有效控制,也有助于企业在行业市场处于有利地位。目前,德国的这种"技术监督"与"产品认证"并行的认证制度在欧洲许多国家都普遍使用。

(四)日本的产品认证制度

日本的产品认证制度自20世纪50年代开始发展,至今已经构建了一个全面且严谨的体系。1951年出台的《电气用品安全法》奠定了电气产品安全认证的基础,确保了市场上电气产品的安全性。随着经济的快速发展,到了20世纪80年代和90年代,日本相继引入了日本电信设备认可协会认证(Japan Approvals Institute for Telecommunications Equipment,JATE),又称电信事业法认证,针对电信设备的网络兼容性和安全性进行严格把控,以及日本信息通信研究机构认证(National Institute of Information and Communications Technology,NITE),涉及IT设备的电磁兼容性测试,防止设备间的相互干扰。

进入21世纪,为了适应全球化的需求和提高市场准入效率,2001年日本推出了新的电气用品安全法认证制度(Product Safety of Electrical Appliances & Materials,PSE),旨在简化电气产品的认证流程,提高效率,确保电气和电子设备的安全。此外,为了应对无线通信设备的合规性问题,2014年日本又推出了电信工程中心认证(Telecom Engineering Center,TELEC),专门针对无线电设备的认证,确保其符合日本的无线电频率和通信标准,维护无线通信环境的有序运行。

二、国内产品认证的应用情况

1978年9月,我国加入国际标准化组织(ISO)。通过对国际认证认可制度的研究,认识到认证是对产品质量安全进行评价、监督、管理的有效手段,也是各国实施标准的有力措施。

1981年4月,我国开始认证试点工作,建立了第一个产品认证机构,中国电子元器件质量认证委员会(QCCECC)。

1984年成立的中国电工产品认证委员会(China Commission for Conformity Certification of Electrical Equipment,CCEE),于1985年9月成为国际电工产品认证组织(The IEC System for

Conformity Testing and Certification of Electrical Equipment,IECEE)管理委员会成员,1989年6月成为认证机构委员会成员,1990年6月该认证委员会9个实验室被批准为IECEE的实验室。

1988年12月,《中华人民共和国标准化法》颁布实施,明确实施质量认证工作。

1989年8月,《中华人民共和国进出口商品检验法》颁布实施,明确在进出口商品领域开展质量体系认证。

1991年5月7日,国务院令第83号,正式颁布了《中华人民共和国产品质量认证管理条例》,标志着我国质量认证工作由试点转入全面推行的新阶段。

2001年8月29日,国家认证认可监督管理委员会正式成立,这标志着我国质量认证体制跨入了新阶段。

2003年,《中华人民共和国认证认可条例》(国务院令第390号)颁布,该条例总结了我国认证认可工作的实践经验,充分借鉴了国际认证认可制度的有益之处,既适应国际通行规则,又符合我国实际情况。自此,中国的认证认可工作由国家统一管理,迈入全面规范化、法治化阶段,建立了集中统一的认可制度,实施了强制性产品认证制度,加强了认证认可相关法律制度的建设,成立了认证认可行业自律组织等。同时,我国认证认可的国际化程度日益提高,认证认可活动领域向纵深发展,认证认可活动的吸收、消化和创新机制增强,认证认可在许多重要领域发挥重要作用。

2005年9月,中国认证认可协会(China Certification and Accreditition Association,CCAA)成立,认证人员的注册和培训机构的管理职能纳入中国认证认可协会,标志着以政府监管、认可约束、行业自律互为补充的具有中国特色的认证认可工作体制和机制的进一步完善。

截至2024年底,全国认证机构总数为1109家,颁发各类有效认证证书415万张,获证企业数为110万家,其中颁发中国强制性产品认证(China Compulsory Certification,CCC)有效证书57万张,工业产品自愿性认证证书111万张。

第三章
城市轨道交通装备产品认证

第一节
城市轨道交通装备产品认证的基本概念和发展历程

城市轨道交通装备产品认证,英文为 China Urban Rail Certification,简称 CURC,指在国家市场监督管理总局(简称市场监管总局)会同中华人民共和国国家发展和改革委员会(简称国家发展改革委)发布的产品目录范围内,由国家认证认可监督管理委员会(简称国家认监委)(2018 年,其职责划入市场监管总局,对外保留牌子)批准的具备城市轨道交通装备产品认证资质的认证机构,依据国家认监委发布的统一的认证实施规则,对申证产品进行认证,对合格产品标识统一认证标志的活动。CURC 认证属国家统一推行的(简称"国推")自愿性产品认证。

2007 年 2 月,国家发展改革委在全国第三次国产化工作会议上,提出"十一五"期间,要把建立国家城轨机电产品的认证体系(认证机构)作为重点,开展专题调查、研究,提出建立国家城轨机电产品认证体系的方案。

2012 年 5 月,由国家发展改革委、铁道部和中国铁道科学研究院共同出资建设的我国第一条城轨交通试验线竣工并通过验收。

2007—2016 年间,国家发展改革委和国家认监委不断进行交流、学习,并布局相关工作。中国铁道科学研究院积极配合两委,开展了大量前期准备工作。

2016 年 9 月,《国家发展改革委 国家认监委关于开展城市轨道交通装备认证工作的通知》(发改产业〔2016〕2029 号)发布。

2016 年 10 月,中国城市轨道交通协会根据国家发展改革委和国家认监委委托,组建"城市轨道交通装备认证技术委员会",并于 2016 年 12 月 30 日召开第一次工作会议。

2017 年 12 月,《国家认证认可监督管理委员会 国家发展和改革委员会关于印发〈城市轨道交通装备认证实施意见〉及〈城市轨道交通装备产品认证第一批目录〉的通知》(国认证联〔2017〕142 号)发布。

2019 年 5 月,《认监委关于明确城市轨道交通装备认证机构资质条件及认证实施规则的公告》(公告〔2019〕11 号)发布。

2019 年 6 月,由中国城市轨道交通协会负责搭建的中国城市轨道交通认证信息平台正式上线,该平台主要用于城市轨道交通认证相关信息的发布、查询和交流。

2019 年 9 月,在中国城轨交通业主领导人广州峰会上,45 家业主领导人集体签署了《城市轨道交通装备产品认证采信公约》,承诺将自觉采信装备产品认证结果。

2019年10月,国家认监委批准了第一家具备CURC认证资质的认证机构——北京鉴衡认证中心有限公司。

2019年10月,由中国城市轨道交通协会主办的城市轨道交通装备产品认证专员培训在北京顺利举行。

2020年1月,CURC认证机构——中铁检验认证中心有限公司颁发第一批CURC认证证书。

2020年6月,中国城市轨道交通协会发布《关于全面启动城市轨道交通装备产品认证采信工作的通知》(中城轨〔2020〕37号),向行业提出了第一批目录内产品的建议采信起始时间及其他相关建议。

2022年3月,中国城市轨道交通协会向业主单位发布《关于上传城市轨道交通装备产品认证(CURC)采信信息的通知》。

2023年4月,中国城市轨道交通协会于第三届第二次理事会上对积极落实采信要求的先进单位和个人予以表彰,经单位申报和秘书处推荐,共授予7家业主先进单位称号、11位同志先进个人称号、4位同志特别贡献奖。

2023年10月,《市场监管总局 国家发展改革委关于发布〈城市轨道交通装备产品认证第二批目录〉的公告》(2023年第44号)《国家认监委关于发布第二批城市轨道交通装备产品认证实施规则的公告》(2023年第22号)先后发布。

截至2024年底,共有8家认证机构获批CURC认证资质;85家企业的263个产品获得CURC认证证书;共有408名学员获得CURC产品认证专员结业证书。

第二节
城市轨道交通装备产业政策概述

一、国家相关宏观政策

2012年,国务院印发《质量发展纲要(2011—2020年)》(国发〔2012〕9号),明确提出"形成一批拥有国际知名品牌和核心竞争力的优势企业,形成一批品牌形象突出、服务平台完备、质量水平一流的现代企业和产业集群"。

2015年,国务院印发《中国制造2025》(国发〔2015〕28号),提出"加快提升产品质量。实施工业产品质量提升行动计划,针对汽车、高档数控机床、轨道交通装备、大型成套技术装备、工程机械、特种设备、关键原材料、基础零部件、电子元器件等重点行业,组织攻克一批长期困扰产品质量提升的关键共性质量技术,加强可靠性设计、试验与验证技术开发应用,推广采用先进成型和加工方法、在线检测装置、智能化生产和物流系统及检测设备等,使重点实物产品的性能稳定性、质量可靠性、环境适应性、使用寿命等指标达到国际同类产品先进水平。"

2017年,国务院印发《中共中央 国务院关于开展质量提升行动的指导意见》(国务院公报2017年第27号),提出"提升装备制造竞争力。加快装备制造业标准化和质量提升,提高关键领域核心竞争力。实施工业强基工程,提高核心基础零部件(元器件)、关键基础材料产品性能,推广应用先进制造工艺,加强计量测试技术研究和应用。发展智能制造,提高工业机器人、高档数控机床的加工精度和精度保持能力,提升自动化生产线、数字化车间的生产过程智能化水平。推行绿色制造,推广清洁高效生产工艺,降低产品制造能耗、物耗和水耗,提升终端用能产品能效、水效。加快提升国产大飞机、高铁、核电、工程机械、特种设备等中国装备的质量竞争力。"

2018年,国务院印发《国务院关于加强质量认证体系建设促进全面质量管理的意见》(国发〔2018〕3号),明确将质量认证作为"推进供给侧结构性改革和'放管服'改革的重要抓手",文中明确提出"创新自愿性认证制度。发挥自愿性认证'拉高线'作用",大力推行高端品质认证,其中包括城市轨道交通装备,并提出"支持运用认证手段推进区域品牌建设,培育优势产业和拳头产品,提升区域经济竞争力。"

2023年,中共中央、国务院印发《质量强国建设纲要》(国务院公报2023年第5号),这是首个由党中央、国务院印发的中长期质量纲领性文件,确立了新时期质量工作的全新方位,为统筹推进质量强国建设提供了行动指南、注入了强大动力。

二、城市轨道交通机电设备采购核查

1965 年,我国开始在北京修建第一条地铁线路,1969 年开通运营,随后的 30 年时间里,天津、上海、广州等城市相继开通地铁运营。

20 世纪 90 年代末,随着改革开放的发展,国内各大城市的地铁建设需求日益突出,但当时轨道交通装备大量依赖进口,建设成本高。

1999 年,《国务院办公厅转发国家计委关于城市轨道交通设备国产化实施意见的通知》(国办发〔1999〕20 号)和《国家计委关于印发城市轨道交通设备国产化实施方案的通知》(计预测〔1999〕428 号)提出,城市轨道交通项目,无论使用何种资金,其全部轨道车辆和机电设备的平均国产化率要确保不低于 70%。

2005 年,根据《国家发展改革委办公厅关于印发城市轨道交通建设项目机电设备采购核定规则的通知》(发改办工业〔2005〕2084 号),中国交通运输协会城市轨道交通专业委员会受国家发展改革委"城市轨道交通设备国产化领导小组办公室"委托,成立"城市轨道交通建设项目机电设备采购核查小组",负责城市轨道交通建设项目机电设备采购的核查工作。2013 年,核查工作转由中国城市轨道交通协会技术装备专业委员会承担,直到不再开展核查工作。

三、城市轨道交通关键系统市场准入资质审批

2017 年前,我国对于城市轨道交通关键系统装备产品的市场准入管控方式,以行政审批为主,车辆、牵引、信号等系统供应商获得相应资质后方可进行投标。

2017 年后,国家发展改革委不再控制上述装备的市场准入清单。

同年,经党中央、国务院同意,由国家发展改革委、商务部联合发布的《外商投资产业指导目录(2017 年修订)》中,取消了轨道交通运输设备限于合资、合作的规定。

自此,城市轨道交通装备市场处于空前开放状态。

四、城市轨道交通行业认证相关政策

2010 年,国家发展改革委发布《国家发展改革委关于进一步推进城市轨道交通装备制造业健康发展的若干意见》(发改产业〔2010〕2866 号),文中明确提出"建立产品安全认证制度,保证产品的安全可靠。要把建立城轨工程和装备产品安全认证体系作为今后几年工作的重点。积极开展国际合作,尽快建立和完善与国际规范接轨的国内认证机构。城轨项目单位应支持和参与统一组织的城轨工程安全认证。"

2015 年,国家发展改革委发布《国家发展改革委关于加强城市轨道交通规划建设管理的通知》(发改基础〔2015〕49 号),文中明确提出"发挥监督服务作用。中国城市轨道交通协会要在国务院有关部门的指导下,充分开展调查研究,提出行业发展与改革的政策措施建议,供

有关部门和企业参考。密切跟踪行业发展,建立行业发展统计监测机制,定期发布分析报告和风险警示;监测跟踪招投标活动,发现违反法律法规和国家相关政策的情况和问题,及时通报国家有关部门;培育关键技术装备认证机构,推动第三方认证工作;加强跨地区人才培训和交流。"

2018年,国家发展改革委办公厅发布《国家发展改革委办公厅关于加强城市轨道交通车辆投资项目监管有关事项的通知》(发改办产业〔2018〕323号),文中明确提出"加快实施城轨装备认证。省级发展改革委要大力推动城轨车辆等装备认证,积极引导城轨装备制造企业开展认证。在市场准入、推广应用等环节,加大城轨车辆等装备认证采信力度,鼓励优先使用认证产品,提高市场准入门槛,倒逼落后产能退出。"

2018年,国务院办公厅发布《国务院办公厅关于保障城市轨道交通安全运行的意见》(国办发〔2018〕13号),文中明确提出"强化关键设施设备管理。制定城市轨道交通关键设施设备运营准入技术条件,加快推动车辆、信号、通信、自动售检票等关键设施设备产品定型,加强列车运行控制等关键系统信息安全保护。建立健全设施设备维修技术规范和检测评估、维修保养制度。建立关键设施设备全生命周期数据行业共享机制和设施设备运行质量公开及追溯机制,加强全面质量监管。"

第三节
开展城市轨道交通装备产品认证的背景和意义

《国家发展改革委 国家认监委关于开展城市轨道交通装备认证工作的通知》(发改产业〔2016〕2029号)和《国家认证认可监督管理委员会 国家发展和改革委员会关于印发〈城市轨道交通装备认证实施意见〉及〈城市轨道交通装备产品认证第一批目录〉的通知》(国认证联〔2017〕142号)附件1中对城市轨道交通行业为什么要开展产品认证工作进行了明确阐述:

"城市轨道交通装备(以下简称城轨装备)认证是与国际接轨的市场准入方式,是转变政府职能、促进城轨装备产业健康发展的有效措施。"

"为提高城轨装备质量安全水平、规范城轨装备产业市场秩序、提升城轨装备企业自主创新能力,国家发展改革委、国家认监委共同组织推动城轨装备认证工作。"

"城轨装备认证是指为提高城轨装备质量安全水平和产业自主创新能力,维护城轨装备生产、使用、管理等有关方面及社会公共利益,由政府主管部门和行业组织共同推动、认证机构承担的自愿性认证活动。"

前一段可视为背景,为转变政府职能、促进产业健康发展,需要创新管理模式,认证作为与国际接轨的市场准入方式,是达成目标的有效措施。

后两段是开展CURC认证工作的目的和意义,意义详解见表3-1。

CURC认证工作的意义 表3-1

类别	简述	详解
对产业发展的意义	提升产品质量,保障运营安全,促进产业健康发展	城轨交通关乎国计民生、百姓日常,开展CURC认证有利于提升产品质量,保障运营安全,进而促进产业持续健康发展
	畅通市场准入渠道,推动装备创新发展	因城轨装备涉及安全,新产品、新技术、新企业往往难以进入市场,通过认证,可确认产品是否符合相应标准,是进入市场的通行证

第三章 城市轨道交通装备产品认证

续上表

类别	简述	详解
对产业发展的意义	有效调节产能发展态势	认证一方面可以控制市场准入门槛,防止产能无序增长;另一方面可以倒逼落后产能退出,从而有效调节产能发展态势
	推动装备标准化,降低研发制造成本	CURC认证是依据统一的技术标准,制定统一的认证规则对产品进行认证,有利于推动装备的标准化和统型工作,降低整体研发制造成本
	是实现国际互认的基础	认证是国际通行的市场准入方式,实施产品认证是实现国际互认的基础,可以为我国城轨装备"走出去"创造有利条件
对应用单位的意义	分担风险,增强使用装备产品的信心	让更专业的人,通过更专业的设备,用更专业的方法来保障产品全寿命周期的质量安全,分担应用风险,增强应用单位使用装备产品的信心
	降低投入,减轻相关部门整体工作量	没有认证的情况下,企业时常要根据不同需求进行重复的检验检测,这些费用最终都会转嫁给应用单位,通过认证可以有效降低相关费用,同时减轻应用单位进行质量审核的工作量
	共享信息,便于全面掌握供货商情况	认证制度是一种高效率、低成本的"信号显示机制",可以有效避免信息不对称问题,同时还可以通过共享获证产品使用信息,优中选优,高效完成采购工作
对制造企业的意义	健全质量管理体系,增强市场竞争力	通过认证可以促进企业健全质量体系、建设诚信机制、提升品牌影响力,增强整体市场竞争能力
	强化技术文件理解,提升设计研发能力	认证过程可以帮助企业研发人员强化对设计文件和技术标准的理解,从而提升企业整体的设计研发能力
	对产业发展的意义,也是对制造企业的意义	除上述两条外,对产业发展的意义同样适用于制造企业,产业发展得好,企业才能发展得好

第四节
城市轨道交通装备产品认证工作管理体系

根据《国家发展改革委 国家认监委关于开展城市轨道交通装备认证工作的通知》(发改产业〔2016〕2029号)、《国家认证认可监督管理委员会 国家发展和改革委员会关于印发〈城市轨道交通装备认证实施意见〉及〈城市轨道交通装备产品认证第一批目录〉的通知》(国认证联〔2017〕142号)和《认监委关于明确城市轨道交通装备认证机构资质条件及认证实施规则的公告》(公告〔2019〕11号)要求,城市轨道交通装备产品认证工作各相关部门的职责和权限、各相关方的责任与要求总结见表3-2、表3-3。

城市轨道交通装备产品认证工作各相关部门职责与权限 表3-2

相关部门	职责与权限
国家发展改革委	(1)组织推动城轨装备认证工作; (2)根据部门职责对城轨装备认证工作进行协调和监督; (3)会同国家认监委发布认证目录
国家认监委 (国家认监委职责现已划入市场监管总局,对外保留牌子)	(1)组织推动城轨装备认证工作; (2)根据部门职责对城轨装备认证工作进行协调和监督; (3)会同国家发展改革委发布认证目录; (4)发布认证目录内的城轨装备认证规则; (5)批准认证机构资质; (6)会同相关部门开展定期或不定期的监督检查; (7)接受认证委托人的申诉
各省(区、市) 发展改革委	(1)会同有关方面为开展城轨装备认证工作创造有利条件; (2)采取积极措施,鼓励采购和应用单位优先使用认证目录内的获证装备,营造有利于产业发展的良好环境
各省(区、市) 认证认可监督管理部门	(1)加强对辖区内城轨装备产品认证活动的监督管理,确保认证工作规范有序。及时处置违法违规认证行为,追究有关认证机构和人员的责任,完善认证机构、人员退出机制; (2)积极推动相关认证认可质量基础设施建设,促进城轨装备认证结果服务于各省(区、市)质量强省(区、市)、质量品牌发展、质量基础设施建设工作

第三章 城市轨道交通装备产品认证

续上表

相关部门	职责与权限
中国城市轨道交通协会	(1)发挥行业组织的自律与监督作用,兼顾运营安全和产业发展实际,切实维护各相关方的共同利益,公平公正推动认证实施、行业参与和应用,促进产业健康持续发展; (2)组织协会成员单位积极参与认证工作,促进技术标准制定和修订; (3)加强与城轨装备相关方的沟通交流,积极引导城轨项目业主(含PPP项目单位)、建设单位、城轨装备制造企业等会员单位重视认证结果的采信,建立城轨装备认证信息交换和共享平台,共同推动认证结果的采信; (4)加强对获证产品生产、使用情况的跟踪和评价,及时向有关部门反馈认证工作中存在的问题和对策建议; (5)负责认证相关信息的汇总、统计、分析工作; (6)组建城轨装备认证技术委员会
城市轨道交通装备认证技术委员会	提出城轨装备认证目录及规则草案,协调认证实施过程中出现的技术问题,为政府主管部门和相关方提供专业技术建议

城市轨道交通装备产品认证工作各相关方责任与要求 表3-3

相关方	责任与要求
应用单位 包括城轨项目业主(含PPP项目单位)、建设单位、装备制造企业等	城轨项目业主、建设单位、城轨装备制造企业等要重视认证结果的采信,积极将认证结果应用于供应商质量信用评价、招投标采购、装备制造和工程建设监督、验收等环节
制造企业	(1)要高度重视和积极参与认证工作,按照国家有关产业结构调整、节能减排以及城轨装备自主化等方面的政策法规和技术标准,提升产品一致性管理水平; (2)获得城轨装备认证的产品按认证规则要求加施统一的城轨装备认证标志; (3)获证企业对产品质量承担主体责任,认证机构及检测机构对获证产品质量依法承担相应的连带责任; (4)对城轨装备认证机构的认证工作和认证决定有异议的,有权向作出决定的认证机构提出复核。对认证机构的复核结果仍有异议的,可以向国家认监委申诉
认证机构、检测机构	(1)依法设立并符合《中华人民共和国认证认可条例》(国务院令第390号)、《认证机构管理办法》(国家质检总局令第193号)规定的认证机构基本要求; (2)相应产品认证活动的实施,应当符合《合格评定 产品、过程和服务认证机构要求》(GB/T 27065); (3)认真落实国家相关政策要求,具备从事城市轨道交通装备认证活动的相关专业技术能力:一是有自有或签约的检测机构依法经过资质认定且具备对认证目录内产品进行检测的专业能力;二是有10名以上具有认证目录内产品专业知识和实践经验的专职认证人员; (4)已开展相应认证领域的自愿性产品认证活动; (5)满足上述要求并依法经国家认监委批准; (6)检测机构由国家认监委批准的城轨装备认证机构签约管理,并由认证机构将相关信息报送国家认监委; (7)依据认证规则依法开展目录内城轨装备认证,为获证企业颁发CURC认证证书,并对获证企业及产品进行跟踪监督,对不能持续符合认证要求的,应作出暂停或者撤销认证证书的处理,并及时公布处理结果;

续上表

相关方	责任与要求
认证机构、检测机构	(8)认证机构对认证结论负责;检测机构对检测过程、结果和检测报告负责;城轨装备认证获证企业对产品质量承担主体责任,认证机构及检测机构对获证产品质量依法承担相应的连带责任; (9)建立责任追溯机制,加强诚信体系建设,不断提升认证结果的公信力; (10)将认证信息及时报送有关部门,中国城市轨道交通协会(简称城轨协会)负责相关信息的汇总、统计、分析工作; (11)向国家认监委、国家发展改革委和城轨协会提交年度工作报告; (12)接受国家认监委会同相关部门开展的定期或不定期的监督检查; (13)接受各省(区、市)认证认可监督管理部门对辖区内城轨装备认证活动的监督管理

第五节
产品认证与工程安全评估等其他第三方业务的关系

一、工程安全评估

(一)来源和发展历程

工程安全评估,是指在工程项目建设过程中,以系统 RAMS 指标为目标,由第三方安全评估机构对核心系统设备实施的过程安全管控手段,是国外城轨行业对系统 RAMS 实施的常用管理方法,形成了法规指令 IEC/EN 系列标准和指南类文件(如 Engineering Safety Management 3 级完整的体系文件)。这套方法和标准自北京亦庄线项目首次引入我国实施,显著增强了业主、供货商及公众对基于通信的列车运行控制系统(Communication Based Train Control, CBTC)、车辆、全自动运行系统(Fully Automatic Operation,FAO)等复杂系统的工程应用信心,促进了我国自主创新装备的发展,已逐渐成为我国城轨行业自发式的管理手段。

2010 年,《国家发展改革委关于进一步推进城市轨道交通装备制造业健康发展的若干意见》(发改产业〔2010〕2866 号)提出"要把建立城轨工程和装备产品安全认证体系作为今后几年工作的重点"。2013 年,《城市轨道交通试运营基本条件》(GB/T 30013—2013)颁布实施,要求信号系统在开通运营前应具有安全认证证书和安全评估报告。以 CBTC 信号系统为主要对象的工程安全评估得到广泛发展,并逐步扩大到 FAO 和车辆等系统。

(二)实施对象

目前主要分为两类:

(1)单系统。包括信号系统(地铁正线 CBTC、地铁车辆段联锁、有轨电车联锁、新制式 CBTC)、车辆系统、云平台、站台门等。

(2)多系统。多系统又可以细分为两种,第一种是 FAO 核心设备系统,第二种是对工程建设中的与行车相关的关键设备系统(包括车辆、信号、站台门、综合监控、通信、轨道、接触网和云平台等),选择其中的多项组合进行安全评估。

（三）委托人

单系统的安全评估项目由系统集成商负责。从组织角度来说，效率较高、管理接口清晰，但从"第三方安全评估"的初衷来说，由被评估方直接担任合同甲方，失去了"第三方监督保障"的意义。

多系统的安全评估主要由业主招标，也存在信号系统集成商进行委托的情况。以多系统中的FAO为例，信号、车辆、综合监控、通信、站台门需要统一的技术总体方，每个系统单独实施、多个第三方衔接会产生多余的接口工作，因此常见的招标形式是业主单位直接公开招标、选定第三方，也有少量FAO线路是由信号系统集成商负责第三方的选取、由业主确认。

（四）技术依据

1. 方法标准

《轨道交通　可靠性、可用性、可维修性和安全性规范及示例》（GB/T 21562）；
《轨道交通　通信、信号和处理系统　控制和防护系统软件》（GB/T 28808）；
《轨道交通　通信、信号和处理系统　信号用安全相关电子系统》（GB/T 28809）；
《轨道交通　通信、信号和处理系统　传输系统中的安全相关通信》（GB/T 24339）。

2. 产品标准

如《城市轨道交通　全自动运行系统规范》（T/CAMET 04017）等。

3. 合同要求

业主基于项目提出的、在合同中予以明确的技术要求。

（五）主要实施流程

工程安全评估流程与设备系统的工程建设流程相吻合，主要包括设计文件评估、安装评估、测试调试评估、试运行评估及试运营评估等。主要工作周期是从设计联络到项目开通试运营，一般在2年左右。

（六）机构资质要求

目前没有法律法规对从事工程安全评估的第三方机构提出资质要求。

因我国城轨工程安全评估体系尚未完备，现行委托人在选择第三方评估机构时，首选持有中国合格评定国家认可委员会（China National Accreditation Service for Conformity Assessment，CNAS）颁发的依据GB/T 27020（ISO 17020）检验机构认可证书的机构，该证书可在CNAS网站上查询。

（七）机构人员要求

目前没有法律法规对从事工程安全评估的第三方人员要求资质。实际执行时由各第三方机构自己评价人员级别和上岗要求。主任级别的评估员要求10年以上技术经验、普通评估员要求8年以上。

(八) 成果

完成工程安全评估后,第三方机构应向委托人提交《工程安全评估报告》,报告中包括安全限制性等必备内容。该报告一般不设有效期,只要报告中所述线路状态、设备安全条件未变更,则报告一直有效。如发生变更,须由委托人再次向第三方机构发起变更确认。

值得注意的是,认证制度、安全评价制度在我国都有清晰的上位法,实施主体、资质、监管流程、责任划分清晰明确。工程安全评估尚无法规资质要求,评估项目本质上是一种"技术咨询"合同。"咨询方"承担多少连带责任是一个比较难界定的话题,连带责任不清晰也使得部分评估方责任意识不足、对评估能力的重视不够,评估工作有走流程、表面化的情况。

(九) 与CURC认证的关系

CURC认证是对装备产品在通用系统需求和应用条件下进行的设计鉴定、抽样检测、功能安全、运行考核、工厂检查的全过程第三方合格评定活动。工程安全评估可以理解为是特定项目需求下的同类对象、同类过程管理工作。

二、试运营前安全评价

(一) 来源和发展历程

与评估、咨询不同,"安全评价"在我国是法律规定的专有名词,在城轨领域特指基于《中华人民共和国安全生产法》建立的、由原国家安全生产监督管理总局通过《建设项目安全设施"三同时"监督管理暂行办法》(国家安全生产监督管理总局令 第36号)和《安全评价机构管理规定》(国家安全生产监督管理总局令 第80号)管理的、由甲乙级安全评价机构实施的,城市轨道交通试运营前安全预评价、安全评价和运营期安全评价等活动。

《建设项目安全设施"三同时"监督管理暂行办法》中:

第七条 下列建设项目在进行可行性研究时,生产经营单位应当分别对其安全生产条件进行论证和安全预评价:
(一) 非煤矿矿山建设项目;
(二) 生产、储存危险化学品(包括使用长输管道输送危险化学品,下同)的建设项目;
(三) 生产、储存烟花爆竹的建设项目;
(四) 化工、冶金、有色、建材、机械、轻工、纺织、烟草、商贸、军工、公路、水运、轨道交通、电力等行业的国家和省级重点建设项目;
(五) 法律、行政法规和国务院规定的其他建设项目。

试运营前安全评价为城市轨道交通安全验收提供了科学依据,对工程中未达到安全目标的系统或单元提出补偿及补救措施,有利于提高工程安全程度,满足安全运营要求。

根据 2018 年行政改革结果,国家安全生产监督管理总局目前已不再保留,该暂行办法已不再强制实施。《安全评价机构管理规定》于 2019 年 5 月 1 日起废止,由《安全评价检测检验机构管理办法》(中华人民共和国应急管理部令第 1 号)替代,现行办法中取消了对轨道交通领域进行安全评价的强制要求,目前开展试运营前的安全评价是一种企业自愿行为。

(二)实施对象

城市轨道交通建设工程。

(三)委托人

城市轨道交通业主单位。

(四)技术依据

《城市轨道交通试运营前安全评价规范》(AQ/T 8007);
《城市轨道交通安全预评价细则》(AQ/T 8004);
《城市轨道交通安全验收评价细则》(AQ/T 8005);
《城市轨道交通试运营基本条件》(GB/T 30013)。

(五)主要实施流程

前期准备—编制评价计划—现场检查—辨识危害—进行评价—提出安全对策措施建议—评价结论—编制评价报告—报告评审。

(六)机构资质要求

现行的《安全评价检测检验机构管理办法》已没有"轨道交通"的业务范围。

(七)机构人员要求

安全评价师资质。

(八)成果

《试运营前安全评价报告》。

(九)与 CURC 认证的关系

试运营前安全评价主要检查城市轨道交通工程的安全设施、设备、装置与主体工程同时设计、同时施工、同时投入生产和使用的情况,安全生产管理措施到位情况,安全生产规章制度健全情况,按运行图试运行情况,防灾系统安全性能热烟测试情况,事故应急体系建立情况,城市轨道交通工程建设满足安全生产法律、标准、行政规章、规范要求的符合性情况,从整体上评价城市轨道交通工程的安全条件,作出是否满足试运营安全条件评价结论的活动。CURC 认证的对象是装备产品,即设备、装置或系统,关注产品自身的设计、制造、功能、性能、可靠性、安全性等是否符合认证依据标准的要求。通过 CURC 认证的产品,能够一定程度上减少因产品自身质量不合格引起的运营安全问题,为试运营前安全评价提供有力支撑。

三、初期运营前安全评估和正式运营前安全评估

(一)来源和发展历程

我国城市轨道交通发展迅猛,线网规模不断扩大,随着运营里程和客流的快速增长,城市轨道交通安全运行的压力也日趋加大。

2011年,交通运输部发布《关于加强城市轨道交通运营管理的通知》(交运发〔2011〕236号),要求省级交通运输主管部门对新开通的城市轨道交通线路,要认真组织专业机构进行试运营基本条件评审。

2013年,《城市轨道交通试运营基本条件》(GB/T 30013—2013)正式实施。

2018年,《国务院办公厅关于保障城市轨道交通安全运行的意见》(国办发〔2018〕13号)要求,未通过运营前安全评估的,不得投入运营。

2018年,《城市轨道交通运营管理规定》(交通运输部令2018年第8号)要求,城市轨道交通工程项目验收合格后,由城市轨道交通运营主管部门组织初期运营前安全评估。通过初期运营前安全评估的,方可依法办理初期运营手续。还要求城市轨道交通线路初期运营期满一年,运营单位应当向城市轨道交通运营主管部门报送初期运营报告,并由城市轨道交通运营主管部门组织正式运营前安全评估,通过安全评估的,方可依法办理正式运营手续。

2019年,《交通运输部关于印发〈城市轨道交通初期运营前安全评估管理暂行办法〉的通知》(交运规〔2019〕1号)、《交通运输部办公厅关于印发〈城市轨道交通初期运营前安全评估技术规范 第1部分:地铁和轻轨〉的通知》(交办运〔2019〕17号)发布,在原有基础上增加了系统功能核验、联动测试等城轨运营前的重要控制点。

2023年8月,《交通运输部关于印发〈城市轨道交通运营安全评估管理办法〉的通知》(交运规〔2023〕3号)要求,城市轨道交通工程项目初期运营前安全评估工作应当按照城市轨道交通初期运营前安全评估规范开展。同年9月,《交通运输部办公厅关于印发〈城市轨道交通初期运营前安全评估规范〉的通知》(交办运〔2023〕56号),明确了城市轨道交通工程项目初期运营前设施设备系统功能和运营管理等方面应达到的基本要求。

2024年10月,《城市公共交通条例》(中华人民共和国国务院令第793号)发布,要求市轨道交通建设工程项目依法经验收合格后,城市人民政府城市公共交通主管部门应当组织开展运营前安全评估,通过安全评估的方可投入运营。

(二)实施要求

城市轨道交通工程项目开展初期运营前安全评估,需符合以下前提条件:

(1)试运行时间不少于3个月且关键指标达到要求,试运行期间发现的安全隐患和较大质量问题已完成整改;

(2)按规定通过专项验收并经竣工验收合格,且验收发现的影响运营安全和基本服务质量的问题已完成整改;

(3)有甩项工程的,甩项工程不得影响初期运营安全和基本服务质量,并有明确范围和计划完成时间;

(4)按照规定划定城市轨道交通工程项目保护区,根据土建工程验收资料勘界后制定保护区平面图,在具备条件的保护区设置提示或者警示标志;

(5)城市轨道交通运营单位(简称运营单位)满足规定的条件,具备安全运营、养护维修和应急处置能力。

城市轨道交通工程项目开展正式运营前安全评估,需符合以下前提条件:

(1)初期运营至少1年,向城市轨道交通运营主管部门报送了初期运营报告;

(2)全部甩项工程完工并验收合格,或者已履行设计变更手续;

(3)初期运营前安全评估提出的须在初期运营期间完成整改的问题,已全部整改完成;

(4)初期运营期间,土建工程、设施设备、系统集成的运行状况良好,发现影响运营安全的问题和隐患处理完毕;

(5)正式运营前安全评估开展前一年内未发生列车脱轨、列车冲突、列车撞击、桥隧结构坍塌,或造成人员死亡、连续中断行车2小时(含)以上等险性事件,最后3个月关键指标达到要求;

(6)全部设施设备按照设计要求全功能、全系统投入使用或具备使用条件,技术资料全部移交运营单位,相关人员按规定通过安全考核。

(三)委托人

城市轨道交通所在地城市交通运输主管部门或者城市人民政府指定的城市轨道交通运营主管部门。

(四)技术依据

《交通运输部关于印发〈城市轨道交通运营安全评估管理办法〉的通知》(交运规〔2023〕3号);

《交通运输部办公厅关于印发〈城市轨道交通初期运营前安全评估规范〉的通知》(交办运〔2023〕56号);

《城市轨道交通试运营基本条件》(GB/T 30013);

《有轨电车试运营基本条件》(JT/T 1091)。

(五)主要实施流程

预评估、正式评估和整改复核阶段。一般在开通前6个月确定评估机构,试运行完成后进行正式评估。

(六)机构资质要求

《交通运输部关于印发〈城市轨道交通运营安全评估管理办法〉的通知》(交运规〔2023〕3号)对第三方安全评估机构有如下要求:

(1) 具有法人资格;

(2) 有具备统筹协调城市轨道交通各专业领域、总体把控安全评估质量能力且从业经历20年以上的高级专业技术人员;

(3) 具有健全的内部治理结构、财务会计和资产管理制度,具有依法缴纳税款和社会保险的良好记录;

(4) 相关法律、法规规定的其他要求。

第三方安全评估机构与被评估单位有直接利害关系或者有控股关系、管理关系等其他关系可能影响公正评估的应当回避。开展初期运营前安全评估的第三方安全评估机构不得是被评估项目的建设、勘察、设计、施工、监理、监测、检测单位以及规划建设期有关安全评价、咨询等单位;

(七) 机构人员要求

对人员无法定资质要求。对人员能力要求如下:有具备统筹协调城市轨道交通各专业领域、总体把控安全评估质量能力且从业经历20年以上的高级专业技术人员。

第三方安全评估机构具有或聘请的安全评估专家应具备下列条件:

(1) 专家组涵盖城市轨道交通运营管理、土建结构、车辆、供电、通信、信号、机电、安全应急等专业领域,具有运营从业经历的优先;

(2) 为从业经历10年以上的高级专业技术人员;

(3) 具有良好的职业道德、廉洁自律,认真负责,身体健康,能够承担安全评估工作;

(4) 熟悉安全评估相关政策法规和规范。

(八) 成果

初期运营前安全评估:《初期运营前安全评估报告》。

正式运营前安全评估:《正式运营前安全评估报告》。

(九) 与CURC认证的关系

轨道交通自动化、无人化的发展,使得以往的安全生产管理由管"人"的安全生产责任制,"跑步前进"到"设备保障安全"的系统安全时代。系统安全保障的阶段主要可分为通用产品/应用和特定应用两个对象,分别由上文提到的"CURC认证"和"工程安全评估"来执行。CURC认证针对装备产品固有的技术功能、性能、可靠性和安全性提供了保障,工程安全评估针对线路的实际应用情况进行了专项控制。两者对"系统需求—功能划分—产品设计—批量制造—安装调试—运行测试—确认"全程把控,共同为初期运营前安全评估和正式运营前安全评估提供了基础支持。以信号系统为例,在初期运营前安全评估中有无信号系统认证证书、工程安全评估报告都是能否开通运营的"一票否决项"。

第六节
产品认证与功能安全评估

一、功能安全评估概述

(一) 原理与定义

2000年,国际电工委员会(IEC)发布了功能安全基础标准《电气/电子/可编程电子安全相关系统的功能安全》(IEC 65108),解决了基于电气/电子/可编程电子技术的安全系统或装置的功能安全保障理论与实践问题,在工业界引起强烈反响。功能安全保障技术涉及机械制造、流程工业、运输、医药、矿山等行业,是在安全控制或安全保护系统设计、维护、运行等活动中规范相关组织和人员的技术和行为,以达到防止各类装置、机械、器械,尤其是成套设备系统发生不可接受危险目的的技术。以安全完整性等级(SIL)和全生命周期安全管理为特色的保障技术实现了安全技术和管理理论的一大突破。随后,不同应用领域的功能安全标准陆续出台,包括 IEC 61511、IEC 61513、ISO 26262 等;同时,安全系统的子系统、设备功能安全标准也相继出台,IEC 功能安全标准体系已基本形成。

IEC 65108 等 15 项标准发布后,欧洲首先进行应用,美国于 2003 年底开始采用。欧洲与美国将其列为强制性法规内容,一批专门从事功能安全评估、培训、认证的中介服务机构成为一个新兴产业,具备功能安全完整性等级 SIL4 级的测量控制设备,如安全 PLC、安全传感器、安全变送器、安全阀门、安全总线等也纷纷出现,英维思公共有限公司、皮尔兹股份和管理有限公司、施耐德电气有限公司、德国西门子股份公司、罗克韦尔自动化有限公司等跨国公司形成了一个安全设备供应商集群。在我国,IEC 61508、IEC 61511 分别于 2006 年和 2007 年等同转化为国家标准。2001 年 3 月,SAC/TC 214/SC 01 功能安全分技术委员会应运而生。功能安全技术受到石油化工、机械制造、铁路运输、汽车制造、煤炭开采等行业的高度重视。

(二) RAMS 的要素与要求

RAMS 是可靠性(Reliability)、可用性(Availability)、可维护性(Maintainability)和安全性(Safety)的缩写。

可靠性:通过在产品设计和制造过程中科学的技术手段和工程方法,减少故障发生概率和降低故障损失。

可用性:侧重于产品在运营和维护、维修过程中的人员、工具、备品等保证要素,充分发挥轨道交通产品的可用价值。

可维护性:通过维护工程技术在设计和制造过程中的运用,快速修复和处理产品在运营过程中发生的故障,减少列车的停运和延误时间。

安全性:通过一系列的安全性技术手段与方法,减少危险性故障的发生,降低故障后果,提高运营安全。

(三) RAMS 发展历史

第一阶段:20 世纪 50 年代,以电子管和继电器为主要元件,元件失效率很高,系统的平均无故障时间很短。

第二阶段:20 世纪 60 年代,以晶体管为主要元件,元件失效率有所降低,RAMS 计算理论成果技术化、产品化。

第三阶段:20 世纪 70 年代,以集成电路为主要元件,元件失效率明显降低,RAMS 计算理论更加深入,应用范围大大拓宽。同时,各种 RAMS 国际性学术会议出现并成为国际上 RAMS 领域的主要讲坛,当今 RAMS 方面最具影响的论文和成果大多在这些会议上发表。

第四阶段:20 世纪八九十年代,以大规模、超大规模集成电路为主要元件,系统日趋复杂,RAMS 计算理论改进更新,应用普及到各个行业。RAMS 理论体系、技术方法和工具手段逐渐成熟,在发达国家国家标准规范的基础上形成发布了一系列相关标准和工作指南。RAMS 应用成本随之降低。

第五阶段:21 世纪至今,以可编程、嵌入式系统为特色,系统智能化提升,功能复杂,RAMS 要求在深度和广度上均有提高。RAMS 逐渐采用系统工程思想,将以往的研究统一、集成形成完整体系架构,国际标准也日益体现系统性。

国际和地区性 RAMS 法律法规的颁布对安全性提出更高要求,认证评估成为市场准入和接受认可的基础。

(四) 功能安全评估的一般流程

功能安全评估流程大致可分为概念阶段审核、主检阶段审核、工厂审核和机构复审及发证,主要工作包括:设计开发文档管理评估、硬件可靠性计算和评估、EMC 电磁兼容性测试、环境测试等过程。

二、CURC 认证与功能安全评估的关系

产品认证是通过对产品进行型式试验,得出产品性能是否符合有关技术规范要求的结果,并结合工厂质量保证能力检查,符合认证条件后,向申请认证企业颁发产品认证证书,并批准使用产品认证标志。

功能安全评估是验证系统满足安全性能的活动,评估过程包括对系统的安全性能评估、试

验和必要的现场质量审核,符合安全性能评估条件后,颁发相关符合性证明报告。

功能安全评估在城市轨道交通领域最早应用于信号系统,后逐步扩展至其他系统,如车门、列车诊断与网络控制系统等,自CURC认证工作启动后,作为认证要素之一(称为"功能安全认证"),纳入部分产品的认证流程。本书第八章第四节会进行详细讲解。图3-1为功能安全认证一般流程。

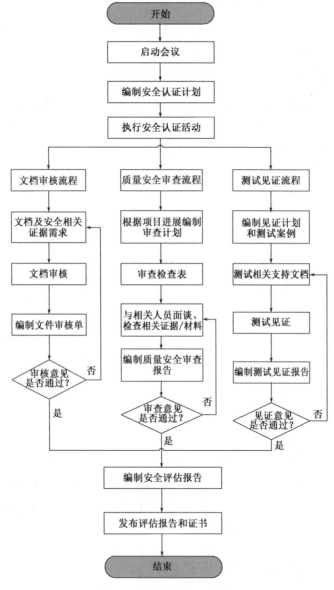

图3-1　功能安全认证一般流程

第四章 城市轨道交通装备产品认证目录

第一节
城市轨道交通装备产品认证目录概述

一、城市轨道交通装备产品认证目录的含义

城市轨道交通装备产品认证目录指纳入国家统一推行的自愿性认证范围内的城市轨道交通装备产品清单。

二、城市轨道交通装备产品认证目录的制定发布单位

城市轨道交通装备产品认证目录由城市轨道交通装备认证技术委员会起草,市场监管总局会同国家发展改革委发布实施。

三、城市轨道交通装备产品认证目录的制定原则

根据国家认监委会同国家发展改革委于2017年12月6日发布的《国家认证认可监督管理委员会 国家发展和改革委员会关于印发〈城市轨道交通装备认证实施意见〉及〈城市轨道交通装备产品认证第一批目录〉的通知》(国认证联〔2017〕142号)的要求,认证目录制定应综合考虑装备对安全、环保、节能等因素的影响,同时根据产业发展、装备类型、市场需求及技术标准和规范发布情况分步制定并调整完善。

城市轨道交通装备认证技术委员会在起草认证目录时,还将综合考虑以下因素:
(1)符合国家产业发展政策。
(2)具备认证依据的产品标准。
(3)已具备或有条件培育相关认证检验检测能力。
(4)具备以下特征之一:
①直接影响运营安全、人身安全或公共安全的城市轨道交通装备;
②影响车内、站内环保要求的城市轨道交通装备;
③涉及能源消耗的城市轨道交通装备;

④影响运营质量和效率的城市轨道交通装备；
⑤量大面广、质量不稳定的城市轨道交通装备；
⑥影响互联互通的城市轨道交通装备；
⑦国家相关政策鼓励推广的城市轨道交通装备；
⑧供需双方明确提出相关认证需求的城市轨道交通装备。

四、城市轨道交通装备产品认证目录的基本要素

城市轨道交通装备产品认证目录主要包括产品名称(类别)和产品范围,第二批认证目录还增加了依据标准。

产品名称(类别)指纳入 CURC 认证范围的城市轨道交通装备系统。

产品范围指在各城市轨道交通装备系统(产品名称)项下,纳入 CURC 认证范围的系统或关键部件。

依据标准指开展产品认证活动依据的技术规范或标准。

第二节
已发布的城市轨道交通装备产品认证目录

一、第一批、第二批城市轨道交通装备产品认证目录

2017年12月6日,《国家认证认可监督管理委员会 国家发展和改革委员会关于印发〈城市轨道交通装备认证实施意见〉及〈城市轨道交通装备产品认证第一批目录〉的通知》(国认证联〔2017〕142号)发布。城市轨道交通装备产品认证第一批目录见表4-1。

城市轨道交通装备产品认证第一批目录　　　　表4-1

序号	产品名称(类别)	产品范围		
1	城市轨道交通车辆	车辆		
		车体		
		转向架总成		
		转向架构架		
		悬挂	圆柱螺旋钢弹簧	
			金属橡胶弹簧(一系)	
			空气弹簧	
		轮对组成		
2	城市轨道交通制动系统	空气压缩机		
		制动控制装置		
		制动夹钳单元		
		踏面制动单元		
		合成闸瓦		
		合成闸片		
		铸铁制动盘		

续上表

序号	产品名称（类别）	产品范围
3	城市轨道交通牵引传动系统	牵引逆变器
		辅助变流器
		充电机
		异步牵引电动机
		车载直流高速断路器
4	城市轨道交通电动客车列车控制	列车控制与诊断系统
5	城市轨道交通车辆车门	电动客室侧门
6	城市轨道交通车辆车钩缓冲装置	地铁车辆车钩缓冲装置
7	城市轨道交通基于通信的列车运行控制系统（CBTC）	基于通信的列车运行控制系统（CBTC）
		列车自动监控系统（ATS）
		列车自动运行系统（ATO）
		列车自动防护系统（ATP）
		计算机联锁系统（CI）
8	城市轨道交通全自动运行系统	全自动运行系统

2023年9月20日，《市场监管总局　国家发展改革委关于发布〈城市轨道交通装备产品认证第二批目录〉的公告》（2023年第44号）印发。城市轨道交通装备产品认证第二批目录见表4-2。

城市轨道交通装备产品认证第二批目录　　表4-2

序号	产品名称（类别）	产品范围	
1	城市轨道交通工务产品	桥梁支座	桥梁隔震橡胶支座
2			桥梁盆式支座
3			桥梁球型钢支座
4		预制混凝土衬砌管片	
5		有砟轨道预应力混凝土枕	
6		梯形轨枕	
7		聚氨酯泡沫合成轨枕	
8	城市轨道交通牵引传动系统	牵引系统	
9		永磁同步电动机	
10		制动电阻	
11	城市轨道交通供电系统	110kV主变压器	
12		牵引变压器	
13		整流器	
14		直流开关柜	
15		排流柜	
16		单向导通装置	

续上表

序号	产品名称(类别)	产品范围	
17	城市轨道交通供电系统	交流35kV开关柜	
18	城市轨道交通通信系统	车地综合通信系统(LTE-M)	终端设备
19	城市轨道交通车站设备	站台屏蔽门	

二、城市轨道交通装备产品认证目录的单元划分

根据认证实施规则,认证目录中的产品范围可按型式、用途等划分为不同的认证单元,两批目录产品的单元划分见表4-3。

城市轨道交通装备产品认证目录(含单元)　　　　表4-3

产品名称(类别)	产品范围	单元名称	
城市轨道交通工务产品	桥梁支座	桥梁隔震橡胶支座	
		桥梁盆式支座	
		桥梁球形钢支座	
	预制混凝土衬砌管片	预制混凝土衬砌管片(流水机组法)	
		预制混凝土衬砌管片(固定台座法)	
	有砟轨道预应力混凝土枕	有砟轨道预应力混凝土枕	
	梯形轨枕	预应力混凝土梯形轨枕	
	聚氨酯泡沫合成轨枕	聚氨酯泡沫合成轨枕(整体式)	
		聚氨酯泡沫合成轨枕(粘接式)	
城市轨道交通车辆	车辆	A型车	
		B型车	
	车体	A型车车体	
		B型车车体	
	转向架总成	A型车动力转向架总成	
		B型车动力转向架总成	
	转向架构架	A型车动力转向架构架	
		B型车动力转向架构架	
	悬挂	圆柱螺旋钢弹簧	圆柱螺旋钢弹簧
		金属橡胶弹簧(一系)	金属橡胶弹簧(一系)
		空气弹簧	大曲囊式空气弹簧
			小曲囊式空气弹簧
	轮对组成	动力轮对组成	
		非动力轮对组成	

续上表

产品名称(类别)	产品范围	单元名称
城市轨道交通制动系统	空气压缩机	活塞空气压缩机组
		螺杆空气压缩机组
	制动控制装置	制动控制装置
	制动夹钳单元	带停放缸制动夹钳单元
		不带停放缸制动夹钳单元
	踏面制动单元	带停放缸踏面制动单元
		不带停放缸踏面制动单元
	合成闸瓦	合成闸瓦
	合成闸片	合成闸片
	铸铁制动盘	轴装铸铁制动盘
		轮装铸铁制动盘
城市轨道交通牵引传动系统	牵引系统	750V 直流异步牵引系统
		1500V 直流异步牵引系统
		750V 直流永磁牵引系统
		1500V 直流永磁牵引系统
	牵引逆变器	750V 直流供电牵引逆变器
		1500V 直流供电牵引逆变器
	辅助变流器	750V 直流供电辅助变流器
		1500V 直流供电辅助变流器
		750V 直流供电辅助变流器(包含充电机)
		1500V 直流供电辅助变流器(包含充电机)
	充电机	供电网直接供电的充电机
		辅助变流器三相交流输出供电的充电机
		辅助变流器中间直流电路供电的充电机
	异步牵引电动机	异步牵引电动机
	车载直流高速断路器	车载直流高速断路器
	永磁同步电机	永磁同步电机
	制动电阻	制动电阻
城市轨道交通电动客车列车控制与诊断系统	列车控制与诊断系统	列车控制与诊断系统
城市轨道交通车辆车门	电动客室侧门	塞拉门
		外挂密闭门
		外挂移门
		内藏移门

第四章　城市轨道交通装备产品认证目录

续上表

产品名称(类别)	产品范围	单元名称	
城市轨道交通车辆车钩缓冲装置	地铁车辆车钩缓冲装置	自动车钩及缓冲装置	
		半永久车钩及缓冲装置(含永久车钩及缓冲装置)	
城市轨道交通供电系统	110kV 主变压器	110kV 三相叠铁芯油浸式有载调压电力变压器	
		110kV 三相卷铁芯油浸式有载调压电力变压器	
	牵引变压器	10kV 牵引变压器	
		35kV 牵引变压器	
	整流器	750V 整流器	
		1500V 整流器	
	直流开关柜	750V 直流开关柜	
		1500V 直流开关柜	
	排流柜	750V 排流柜	
		1500V 排流柜	
	单向导通装置	750V 单向导通装置	
		1500V 单向导通装置	
	交流 35kV 开关柜	气体绝缘介质交流金属封闭开关柜	
城市轨道交通通信系统	车地综合通信系统（LTE-M）	终端设备	手持台
			车站固定台
			车载接入单元(TAU)
			车载集群终端
城市轨道交通基于通信的列车运行控制系统（CBTC）	基于通信的列车运行控制系统（CBTC）	各厂家型号	
		各厂家互联互通型号	
	列车自动监控系统（ATS）	各厂家型号	
		各厂家互联互通型号	
	列车自动运行系统（ATO）	各厂家型号	
		各厂家互联互通型号	
	列车自动防护系统（ATP）	各厂家型号	
		各厂家互联互通型号	
	计算机联锁系统（CI）	各厂家型号	
		各厂家互联互通型号	
城市轨道交通车站设备	站台屏蔽门	全高封闭式站台屏蔽门	
		全高非封闭式站台屏蔽门	
		半高站台屏蔽门	
城市轨道交通全自动运行系统	城市轨道交通全自动运行系统	尚未完成规则制定工作	

三、城市轨道交通装备产品认证目录相关说明

（1）目前可以开展 CURC 认证的产品为单元名称中所列的产品。例如，可以开展 CURC 认证的车辆产品为"A 型车"和"B 型车"，其他车辆制式暂不在 CURC 认证范围内。

可以开展 CURC 认证的 CBTC 系统为"各厂家型号"和"各厂家互联互通型号"。CBTC 系统与其他产品的单元划分略有不同，其他产品单元之间基本为并列关系，CBTC 系统的两个单元属于两个等级，"各厂家型号"是指厂家 CBTC 的基础型号，"各厂家互联互通型号"是具备互联互通功能的基础型号，还应满足规则中要求的互联互通标准。

（2）车辆、牵引传动系统和 CBTC 的第一个产品范围都是本系统，但制动系统却直接列到关键部件，这是由于标准缺失导致没有开展 CURC 认证可参考的依据，所以暂时无法进行认证，需完善标准后方可提请增设相关项目。

（3）尚未列入认证目录内的产品，各相关方可依据相关法律法规和自主约定开展自愿性产品认证。开展 CURC 目录外的装备产品认证时，不得使用 CURC 认证标志。

第五章
城市轨道交通装备产品认证规则

第一节 城市轨道交通装备产品认证规则概述

一、城市轨道交通装备产品认证规则的含义

认证规则也称认证实施规则。《国家认监委关于认证规则备案的公告》(国家认监委公告〔2015〕第 18 号)提出:"认证规则是规定产品、服务和管理体系等认证程序要求类文件。"城市轨道交通装备产品认证规则是规定 CURC 认证目录内产品的认证程序要求的文件。

二、城市轨道交通装备产品认证规则的制定发布单位

城市轨道交通装备产品认证规则由城市轨道交通装备认证技术委员会起草,国家认监委发布实施。

三、城市轨道交通装备产品认证规则的制定要求

(一)《国家认监委关于认证规则备案的公告》(国家认监委公告〔2015〕第 18 号)要求

申请备案的认证规则应当符合以下条件:
1. 符合国家法律法规和政策规定;
2. 不得影响国家安全和社会公共利益;
3. 不得与现行国家或地方相关行政审批事项相抵触;
4. 不得违反社会公序良俗;
5. 符合国家民族、宗教政策和民族习惯;
6. 不得与国家认监委制定发布的认证基本规范、认证规则要求相抵触;
7. 不得与现行的相关国家标准和行业标准相抵触;
8. 不得违反知识产权相关规定。

（二）城市轨道交通装备认证技术委员会第一次工作会议要求

城市轨道交通装备认证技术委员会第一次工作会议讨论并初步确定了规则的制定原则，而后在实践中不断修改完善，目前内容如下：

（1）以正式发布的国家标准、行业标准、团体标准和认证技术规范为依据。

（2）在依法合规的前提下将产业政策的相关要求纳入认证实施规则。

（3）根据技术标准、产品特点及运营需要，选择不同的型式试验内容，如对结构复杂又涉及安全的产品开展设计鉴定，对直接影响运营安全的产品进行运行考核等。此外，在基本认证模式的基础上可增加其他认证要素，如对存在安全性风险且由电气/电子/可编程电子系统组成或驱动的产品，开展功能安全认证等。

（4）充分识别风险，合理划分认证单元、优化认证流程和检验检测要求。

（5）深入研究，合理提出影响产品质量一致性控制的必备设备及变更控制项目。

（6）让符合要求的新企业、新产品有机会获得认证。

（7）对标国际标准，为中国产品走出去及国际互认创造条件。

第二节 城市轨道交通装备产品认证规则的具体内容

2019年4月30日,《认监委关于明确城市轨道交通装备认证机构资质条件及认证实施规则的公告》(认监委公告〔2019〕11号)发布,其中认证实施规则部分包括1个《城市轨道交通装备产品认证实施规则 通用要求》(简称《通用要求》)和7个《城市轨道交通装备产品认证实施规则 特定要求》(简称《特定要求》)。

2023年10月31日,《国家认监委关于发布第二批城市轨道交通装备产品认证实施规则的公告》(认监委公告〔2023〕22号)发布,第二批规则共计6项,包含新发布4项、修订2项,其中:新发布城市轨道交通工务产品、城市轨道交通供电系统、城市轨道交通通信系统、城市轨道交通车站设备4项规则;城市轨道交通牵引传动系统,在2019版规则的基础上补充了牵引系统、永磁同步电机、制动电阻3个新增产品的认证要求;城市轨道交通基于通信的列车运行控制系统(CBTC),因认证依据标准变更,在2019版规则的基础上对标修订了认证要求。

《特定要求》是对应目录中的产品名称(范围)制定的,一个系统级产品对应一个《特定要求》,城市轨道交通全自动运行系统因标准缺失尚未发布认证规则。

城市轨道交通装备产品认证规则的具体内容如下。

一、《通用要求》主要内容

(1)适用范围;
(2)认证模式;
(3)认证的基本过程;
(4)认证实施的基本要求[认证委托、型式试验、功能安全认证(适用时)、初始工厂检查、认证结果评定及认证时限、获证后监督等];
(5)产品认证证书(认证证书的内容,认证证书的有效性,认证证书的暂停、注销和撤销,其他事项等);
(6)认证变更(变更的申请、变更的评价、变更的确认等);

(7)认证扩项或范围缩小;
(8)认证标志的使用;
(9)认证情况报备;
(10)收费;
(11)工厂质量保证能力要求。

二、《特定要求》主要内容

不同《特定要求》的内容不完全相同,通常如下:
(1)适用范围;
(2)认证模式;
(3)认证单元划分及产品标准;
(4)认证申请必须具备的条件;
(5)申请文件;
(6)型式试验[设计鉴定要求(适用时),产品抽样检验检测要求,运行考核要求(适用时)等];
(7)功能安全认证(适用时);
(8)工厂质量保证能力补充要求。

三、《通用要求》和《特定要求》的使用方法

《通用要求》适用于 CURC 认证目录内的全部产品,发布的各批次 CURC 认证目录中的产品认证均须遵循该要求。

《特定要求》作为《通用要求》的补充,根据不同产品特点,规定了不同的认证程序要求,因此,《通用要求》与《特定要求》需配合使用,构成各产品的整体认证要求。

第六章
城市轨道交通装备产品认证标准

第一节 城市轨道交通装备产品认证标准概述

一、城市轨道交通装备产品认证标准的含义

城市轨道交通装备产品认证标准指开展 CURC 认证活动依据的技术规范或标准。

二、城市轨道交通装备产品认证标准与认证活动的关系

(1)标准是制定认证规则的基本依据,是开展认证活动的必备前提。

(2)目前 CURC 认证采用的标准相当于相关产品的市场准入标准,标准要求高,市场门槛就高,标准要求低,市场门槛就低。相应地,标准要求高,获证产品的质量就高,标准要求低,获证产品的底线质量水平就低。

(3)认证是标准推广应用的有效途径,国推认证活动依据的标准将会成为行业通行标准。

第二节 对城市轨道交通装备产品认证标准的要求

一、认证标准的来源

2017年12月,国家认监委和国家发展改革委联合发布的《国家认证认可监督管理委员会 国家发展和改革委员会关于印发〈城市轨道交通装备认证实施意见〉及〈城市轨道交通装备产品认证第一批目录〉的通知》(国认证联〔2017〕142号)中提出:"认证机构开展城轨装备认证要以正式发布的国家标准、行业标准、团体标准和认证技术规范为依据,并在认证规则中明确。"

二、对制定认证标准的建议

(1)树立产品标准即是行业准入标准的意识。制定产品标准时,从为行业设定准入门槛的角度出发,以产品安全可靠为基点,力求系统、全面、准确,兼顾公平,为行业把好产品质量关。

(2)对认证标准总体架构制定的建议。产品标准是规定产品需要满足的要求以保证其适用性的标准,一般分为完整标准和单项标准,作为技术依据,一般包括:术语、符号、代号、分类(型式、规格、基本参数、尺寸、结构形式、成分等)、要求、试验方法、检验规则、标志、包装、运输和储存要求;至少应包括分类、要求、试验方法、检验规则等四项内容;单项标准可包含其中一项或几项内容,至少应根据情况提出产品的工作条件、外观结构、功能要求、性能要求、接口要求、电磁兼容、RAMS、环境等各项指标的完整要求或引用标准要求。

(3)对认证标准具体内容制定的建议:

①标准的编写应清晰、直接、精确,并能够准确、一致地解释,以便规范性文件的各使用方能够从规范性文件的内容中,获得对其含义和意图的共同理解。

②应依据结果或成果以及限值和偏差,编写规定要求,确定验证方法(相关时)。

③标准的编写应能促进技术进步,通常通过以下方式实现:规定性能要求,而不是规定设计或描述特性要求;规定要求是关于产品的,而不是产品的生产过程。

④标准应使用客观的、合理的、正确的、具体的措辞毫不含糊地描述,特别应避免使用"足

够的""受到负面影响的""十分坚固的""极限条件"之类的主观性用语;除非有定义,不应使用可能绝对化的定性的名词和形容词,如"防水的""牢不可破的""平整的""安全";除非有定义,不应使用描述可测量特性的定性的名词和形容词,如"高的""强的""透明的""正确";除非"其他规定"在要求中被清晰界定,否则不应使用"除非另有规定"。

⑤复杂大系统的标准编制,应具备顶层要求及系统结构分配要求,在此基础上构建具体的产品标准,明确相互关系及各产品的完整要求。

⑥明确产品的可靠性指标要求,且可被证实,无法证实或无合适技术证实的,建议不在标准中规定。

⑦应符合功能安全要求的系统或产品,建议明确其功能安全完整性等级;涉及运行安全,有必要进行运行考核的系统或产品,应明确考核时长或里程、考核要求等。

第七章
城市轨道交通装备产品认证机构

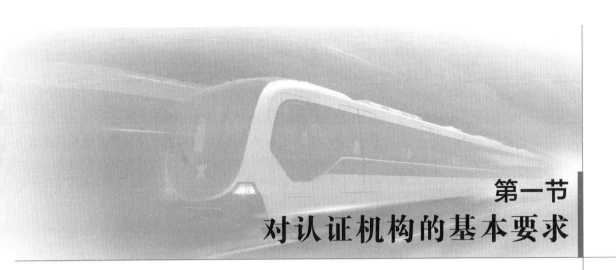

第一节 对认证机构的基本要求

《中华人民共和国认证认可条例》(国务院令第390号)和《认证机构管理办法》(2017年11月14日国家质量监督检验检疫总局令第193号公布,根据2020年10月23日国家市场监督管理总局令第31号修订)中均对认证机构的资质条件、资质批准程序以及行为规范等提出了明确要求。

一、《中华人民共和国认证认可条例》对认证机构资质条件的要求

第九条 取得认证机构资质,应当经国务院认证认可监督管理部门批准,并在批准范围内从事认证活动。

未经批准,任何单位和个人不得从事认证活动。

第十条 取得认证机构资质,应当符合下列条件:

(一)取得法人资格;
(二)有固定的场所和必要的设施;
(三)有符合认证认可要求的管理制度;
(四)注册资本不得少于人民币300万元;
(五)有10名以上相应领域的专职认证人员。

从事产品认证活动的认证机构,还应当具备与从事相关产品认证活动相适应的检测、检查等技术能力。

二、《中华人民共和国认证认可条例》对认证机构资质的申请和批准程序要求

第十一条 认证机构资质的申请和批准程序:

(一)认证机构资质的申请人,应当向国务院认证认可监督管理部门提出书面申请,并提

交符合本条例第十条规定条件的证明文件;

(二)国务院认证认可监督管理部门自受理认证机构资质申请之日起 45 日内,应当作出是否批准的决定。涉及国务院有关部门职责的,应当征求国务院有关部门的意见。决定批准的,向申请人出具批准文件,决定不予批准的,应当书面通知申请人,并说明理由。

国务院认证认可监督管理部门应当公布依法取得认证机构资质的企业名录。

第十二条　境外认证机构在中华人民共和国境内设立代表机构,须向市场监督管理部门依法办理登记手续后,方可从事与所从属机构的业务范围相关的推广活动,但不得从事认证活动。

境外认证机构在中华人民共和国境内设立代表机构的登记,按照有关外商投资法律、行政法规和国家有关规定办理。

三、《认证机构管理办法》对资质审批的相关要求

第九条　认证机构资质审批程序:

(一)认证机构资质的申请人(以下简称申请人)应当向国务院认证认可监督管理部门提出申请,提交符合本办法第八条规定条件的相关证明文件,并对其真实性、有效性、合法性负责;

(二)国务院认证认可监督管理部门应当对申请人提交的证明文件进行初审,并自收到之日起 5 日内作出受理或者不予受理的书面决定。对申请材料不齐全或者不符合法定形式的,应当一次性告知申请人需要补正的全部内容。

(三)国务院认证认可监督管理部门应当自受理认证机构资质申请之日起 45 日内,作出是否批准的决定。决定批准的,向申请人出具《认证机构批准书》。决定不予批准的,应当书面通知申请人,并说明理由。

需要对申请人的认证、检测、检查等技术能力进行专家评审的,专家评审时间不得超过 30 日。评审时间不计算在审批期限内。

第十一条　认证机构有下列情形之一的,应当自变更之日起 30 日内,向国务院认证认可监督管理部门申请办理《认证机构批准书》变更手续:

(一)缩小批准认证领域的;

(二)变更法人性质、股东、注册资本的;

(三)合并或者分立的;

(四)变更名称、住所、法定代表人的。

扩大认证领域的,由国务院认证认可监督管理部门按照本办法第九条的规定予以办理。

第十二条　《认证机构批准书》有效期为 6 年。

认证机构需要延续《认证机构批准书》有效期的,应当在《认证机构批准书》有效期届满 30 日前向国务院认证认可监督管理部门提出申请。

国务院认证认可监督管理部门应当对提出延续申请的认证机构依照本办法规定的资质条件和审批程序进行书面复查,并在《认证机构批准书》有效期届满前作出是否准予延续的决定。

四、《中华人民共和国认证认可条例》对认证机构的其他管理要求

第十三条 认证机构不得与行政机关存在利益关系。

认证机构不得接受任何可能对认证活动的客观公正产生影响的资助;不得从事任何可能对认证活动的客观公正产生影响的产品开发、营销等活动。

认证机构不得与认证委托人存在资产、管理方面的利益关系。

第十四条 认证人员从事认证活动,应当在一个认证机构执业,不得同时在两个以上认证机构执业。

第十五条 向社会出具具有证明作用的数据和结果的检查机构、实验室,应当具备有关法律、行政法规规定的基本条件和能力,并依法经认定后,方可从事相应活动,认定结果由国务院认证认可监督管理部门公布。

第十七条 认证机构应当按照认证基本规范、认证规则从事认证活动。

第十九条 认证机构不得以委托人未参加认证咨询或者认证培训等为理由,拒绝提供本认证机构业务范围内的认证服务,也不得向委托人提出与认证活动无关的要求或者限制条件。

第二十条 认证机构应当公开认证基本规范、认证规则、收费标准等信息。

第二十一条 认证机构以及与认证有关的检查机构、实验室从事认证以及与认证有关的检查、检测活动,应当完成认证基本规范、认证规则规定的程序,确保认证、检查、检测的完整、客观、真实,不得增加、减少、遗漏程序。

认证机构以及与认证有关的检查机构、实验室应当对认证、检查、检测过程作出完整记录,归档留存。

第二十二条 认证机构及其认证人员应当及时作出认证结论,并保证认证结论的客观、真实。认证结论经认证人员签字后,由认证机构负责人签署。

认证机构及其认证人员对认证结果负责。

第二十三条 认证结论为产品、服务、管理体系符合认证要求的,认证机构应当及时向委托人出具认证证书。

第二十四条 获得认证证书的,应当在认证范围内使用认证证书和认证标志,不得利用产品、服务认证证书、认证标志和相关文字、符号,误导公众认为其管理体系已通过认证,也不得利用管理体系认证证书、认证标志和相关文字、符号,误导公众认为其产品、服务已通过认证。

第二十六条 认证机构应当对其认证的产品、服务、管理体系实施有效的跟踪调查,认证的产品、服务、管理体系不能持续符合认证要求的,认证机构应当暂停其使用直至撤销认证证书,并予公布。

第五十条 国务院认证认可监督管理部门可以采取组织同行评议,向被认证企业征求意见,对认证活动和认证结果进行抽查,要求认证机构以及与认证有关的检查机构、实验室报告业务活动情况的方式,对其遵守本条例的情况进行监督。发现有违反本条例行为的,应当及时查处,涉及国务院有关部门职责的,应当及时通报有关部门。

第五十三条 国务院认证认可监督管理部门可以根据认证认可监督管理的需要,就有关

事项询问认可机构、认证机构、检查机构、实验室的主要负责人,调查了解情况,给予告诫,有关人员应当积极配合。

五、《认证机构管理办法》中的其他管理要求

第五条 认证机构从事认证活动应当遵循公正公开、客观独立、诚实信用的原则,维护社会信用体系。

第六条 认证机构及其人员对其认证活动中所知悉的国家秘密、商业秘密负有保密义务。

第十三条 认证机构应当建立风险防范机制,对其从事认证活动可能引发的风险和责任,采取合理、有效措施,并承担相应的社会责任。

认证机构不得超出批准范围从事认证活动。

第十四条 认证机构应当建立健全认证人员管理制度,定期对认证人员进行培训,保证其能力持续符合国家关于认证人员职业资格的相关要求。

认证机构不得聘用国家法律法规和国家政策禁止或者限制从事认证活动的人员。

第二节 城市轨道交通行业对认证机构的要求

一、CURC 认证机构资质条件

2019 年 4 月 30 日,《认监委关于明确城市轨道交通装备认证机构资质条件及认证实施规则的公告》(国家认监委公告〔2019〕11 号)发布,对城市轨道交通装备认证机构的资质条件明确如下:

一、依法设立并符合《中华人民共和国认证认可条例》、《认证机构管理办法》规定的认证机构基本要求。

二、相应产品认证活动的实施,应当符合 GB/T 27065《合格评定 产品、过程和服务认证机构要求》。

三、认真落实国家相关政策要求,具备从事城市轨道交通装备认证活动的相关专业技术能力:一是自有或签约的检测机构依法经过资质认定且具备对认证目录内产品进行检测的专业能力;二是有 10 名以上具有认证目录内产品专业知识和实践经验的专职认证人员。

四、已开展相应认证领域的自愿性产品认证活动。

具备上述资质条件的认证机构,可按照《城市轨道交通装备产品认证第一批目录》中的产品名称(类别)向认监委提出申请,经批准后方可依据相关认证实施规则开展城市轨道交通装备产品认证,在认证证书和获证产品上使用"CURC"认证标志。

二、CURC 认证规则中对机构资质条件的要求

(一)《通用要求》中对检验检测机构提出的要求

4.2.2.3 检验检测

产品检验检测机构应当依法经过资质认定,具备对认证目录内产品进行检验检测的专业

能力,由认证机构签约管理。检验检测项目见《城市轨道交通装备产品认证实施规则　特定要求》。

对于低风险或检验检测机构暂不具备能力和条件的检验检测项目,如生产企业具备认证标准要求的检验检测能力和条件,认证机构可利用生产企业检验检测资源并采信检验检测结果。

(二)《通用要求》中对开展功能安全认证的机构提出的要求

企业也可提交由国家认证认可监督管理部门批准的其他认证机构出具的安全完整性等级符合标准要求的证明及相关文件,认证机构应按上述要求复核,确认是否采信其结果。

本规则实施前申证产品已完成功能安全认证的,认证机构应按上述要求复核,确认是否采信其结果。

第八章
城市轨道交通装备产品认证流程

第一节 城市轨道交通装备产品认证流程概述

一、适用范围

本章适用于市场监管总局与国家发展改革委联合发布的城市轨道交通装备自愿性产品认证目录中的产品。

二、认证模式

城市轨道交通装备产品认证的基本模式为:型式试验+初始工厂检查+获证后监督。型式试验的内容一般包含设计鉴定、产品抽样检验检测和运行考核,根据产品特点及运营需要,型式试验的内容不同,其中设计鉴定指可采用计算、比对分析、试验、文件审查等方式,证明产品符合认证依据标准要求的评价活动。

在基本模式的基础上可增加其他认证要素,如"功能安全认证"等。

已发布 CURC 目录中产品的认证模式见表 8-1。

已发布 CURC 目录中产品的认证模式　　　　　　表 8-1

序号	产品名称（类别）	产品范围	型式试验			初始工厂检查	功能安全认证	获证后监督
			设计鉴定	产品抽样检验检测	运行考核			
1	城市轨道交通工务产品	桥梁支座		√		√		√
		预制混凝土衬砌管片		√		√		√
		有砟轨道预应力混凝土枕		√		√		√
		梯形轨枕		√		√		√
2	城市轨道交通车辆	车辆	√	√	√(5000km)	√		√
		车体	√	√		√		√
		转向架总成	√	√		√		√

续上表

序号	产品名称（类别）	产品范围		型式试验			初始工厂检查	功能安全认证	获证后监督
				设计鉴定	产品抽样检验检测	运行考核			
2	城市轨道交通车辆	转向架构架			√		√		√
		悬挂	圆柱螺旋钢弹簧		√		√		√
			金属橡胶弹簧		√		√		√
			空气弹簧		√		√		√
		轮对组成			√		√		√
3	城市轨道交通制动系统	空气压缩机			√		√		√
		制动控制装置		√	√		√		√
		制动夹钳单元			√		√		√
		踏面制动单元			√		√		√
		合成闸瓦			√		√		√
		合成闸片			√		√		√
		铸铁制动盘			√		√		√
4	城市轨道交通牵引传动系统	牵引系统			√		√		√
		牵引逆变器			√		√		√
		辅助变流器			√		√		√
		充电机			√		√		√
		异步牵引电动机			√		√		√
		车载直流高速断路器			√		√		√
		永磁同步电机			√		√		√
		制动电阻			√		√		√
5	列车控制与诊断系统	列车控制与诊断系统			√		√	√（SIL2/SIL0)	√
6	城市轨道交通车辆车门	电动客室侧门			√		√	√（SIL2)	√
7	城市轨道交通车辆车钩缓冲装置	车钩缓冲装置			√		√		√
8	城市轨道交通供电系统	110kV 主变压器			√		√		√
		牵引变压器			√		√		√
		整流器			√		√		√
		直流开关柜			√		√		√
		排流柜			√		√		√

续上表

序号	产品名称（类别）	产品范围	型式试验 设计鉴定	型式试验 产品抽样检验检测	型式试验 运行考核	初始工厂检查	功能安全认证	获证后监督
8	城市轨道交通供电系统	单向导通装置		√		√		√
		交流35kV开关柜		√		√		√
9	城市轨道交通通信系统 LTE-M	手持台		√	√(3个月)	√		√
		车站固定台	√	√	√(3个月)	√		√
		TAU	√	√	√(3个月)	√		√
		车载集群终端	√	√	√(3个月)	√		√
10	城市轨道交通CBTC系统	CBTC	√	√	√(3个月)	√	√(SIL4)	√
		ATS	√	√	√(3个月)	√	√(SIL2)	√
		ATO	√	√	√(3个月)	√	√(SIL2)	√
		ATP	√	√	√(3个月)	√	√(SIL4)	√
		CI	√	√	√(3个月)	√	√(SIL4)	√
11	城市轨道交通车站设备	站台屏蔽门		√		√	√(SIL2)	√

注：上述表格不含城市轨道交通全自动运行系统。

三、认证单元划分

（1）认证单元，是指认证特性相同或相似，可以依据同一标准进行符合性评价，并可由同一个或一组样品检验结果覆盖该系列下所有规格的一个或一组系列产品。

（2）认证单元划分目的，是由于一般企业产品型号多，逐个实施认证检测，成本高，将结构、型式、用途等相同或相似的产品划分为一个认证单元，实施一次检测，能够减少企业成本，也有利于认证管理。

（3）认证单元划分原则。
①按产品型式、用途等划分认证单元，具体认证单元划分和认证依据的产品标准详见各认证实施规则-特定要求附件1。
②同一认证委托人、同一规格型号、不同地域生产场地生产的产品为不同的认证单元。

四、认证基本过程

城市轨道交通装备产品认证的基本过程包括：认证委托、型式试验、功能安全认证（适用时）、初始工厂检查、认证结果评定、获证后监督。

城市轨道交通装备产品认证流程如图8-1所示。

城市轨道交通装备产品认证

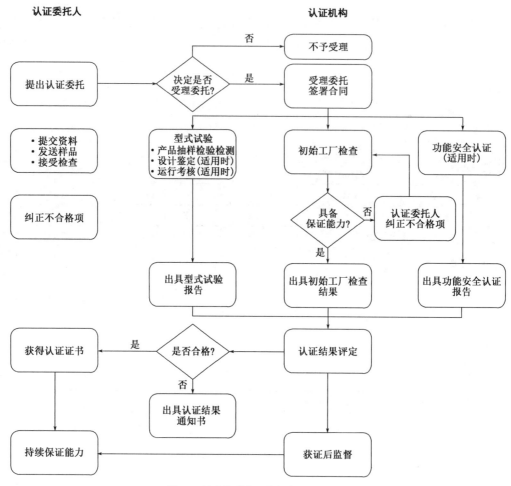

图 8-1　城市轨道交通装备产品认证流程

第二节 认证委托

一、认证委托基本要求

(1)城市轨道交通装备的生产者/制造商或者销售者、进口商(以下统称认证委托人)应向认证机构提出认证委托,提交申请书并随附申请文件;

(2)销售者、进口商作为认证委托人时,还应当向认证机构提供销售者与生产者或者进口商与生产者订立的相关合同副本;

(3)认证委托人应对产品质量负相关责任;

(4)认证机构对认证委托进行处理,做出受理或不受理决定并告知认证委托人。

二、认证申请必须具备的条件

(1)中华人民共和国境内认证委托人应持有具有法人资格或同等资格的营业执照,境外认证委托人应持有所在国家/地区法律法规规定的登记注册证明,经营范围覆盖申请认证的产品(简称申证产品);

(2)管理体系应满足城市轨道交通装备产品认证工厂质量保证能力要求;

(3)申证产品应具有合法技术来源;

(4)符合法律法规要求。

三、认证申请文件

认证申请需要提交的通用文件清单如下:

(1)认证申请书,同属一个认证单元的申证产品可以提交一份产品认证申请书;

(2)营业执照(含统一社会信用代码)或登记注册证明文件的复印件;

(3)企业情况调查表(至少包含详细生产场所、必备的生产设备、工艺装备、计量器具和检测手段、工作时间、使用语言等);

(4)质量手册或等效文件(受控文本)及程序文件清单;

(5)有关技术资料(申证产品的企业标准/产品技术条件,装配图/电气原理图,适用时提供技术转让文件等);

(6)申请同一认证单元内各规格型号之间差异的技术说明;

(7)申证产品技术来源合法性证明文件或申证产品无知识产权侵权行为声明;

(8)法律法规要求的其他资料。

认证申请需要提交的特定文件见各产品的《特定要求》及认证机构要求。

四、申请评审

认证机构收到认证委托人提交的认证申请书及申请材料,应安排相关人员实施申请评审。

(1)认证委托人根据认证实施规则要求初步判断是否满足认证的基本要求;

(2)认证机构收到申请材料10个工作日内,应发出受理或不受理通知书;需要补充材料时,通知认证委托人补充材料,符合要求后10个工作日内发出受理通知书。

第三节 型式试验

一、设计鉴定(适用时)

(一)适用范围

设计鉴定适用于标准要求范围之内,对新产品、新技术、新企业以及标准无法定量检测验证的要求。对于已投入轨道交通(试)运营的产品,提供满足《特定要求》规定的证明文件,可不再进行设计鉴定。

CURC 认证目录中需要进行设计鉴定的产品包括车辆、车体、转向架总成、制动控制装置、LTE-M 车站固定台、LTE-M TAU、LTE-M 车载集群终端、CBTC 系统、ATP 子系统、ATO 子系统、ATS 子系统、CI 子系统。

(二)新企业、新技术、新产品定义

新企业:指新创建的能够提供产品或服务的具有法人资格的实体。

新技术:指现阶段还不够成熟或处于实验研究中,但可能会成为未来发展趋势的新型技术方法,包括但不限于新设计、新材料、新工艺等。

新产品:从技术角度来看,新产品是指采用新技术原理、新设计构思研制,产品在结构、材质或工艺等某一方面相比原产品有明显改进创新,显著提高产品性能或扩大使用功能的产品;从企业角度来看,首次生产销售的产品均属于新产品。

(三)资料提交

各产品需提交资料内容参考对应的《特定要求》执行。通常,根据标准的要求范围,认证机构与认证委托共同确定应进行设计鉴定的技术要求内容,并将认证委托人应提交评审的设计文件资料汇总为文件清单列表。

(四)设计鉴定的方式

设计鉴定的方式主要包括计算、对比分析、试验、文件审查等,以确定产品设计与所依据标

准的符合性。

(五) 设计鉴定的实施

收到企业提交的有关资料后,认证机构组织专业人员对企业提交的设计图纸及技术文件进行审查,必要时认证机构可在产品的策划设计阶段参与标准符合性评价。

二、产品抽样检验检测

(一) 抽样

产品抽样工作由具有认证产品检验检测资格的机构或工厂质量保证能力检查组人员进行。抽样方案见各产品《特定要求》。

(二) 样品发送

所抽样品由认证委托人负责按认证机构的要求送达,并对样品的完整性和安全性负责。

(三) 检验检测

产品检验检测机构应当依法经过资质认定,具备对认证目录内产品进行检验检测的专业能力,由认证机构签约管理。检验检测项目见各产品《特定要求》。

根据《通用要求》,"对于低风险或检验检测机构暂不具备能力和条件的检验检测项目,如生产企业具备认证标准要求的检验检测能力和条件,认证机构可利用生产企业检验检测资源并采信检验检测结果。"但是规则中所列检测项目,认证机构自有或签约的检测机构须具备CMA资质(检验检测机构资质认定,英文全称是China Inspection Body and Laboratory Mandatory Approval,简称CMA,是指由国家认监委和省级市场监督管理部门依据有关法律法规和标准、技术规范的规定,对检验检测机构的基本条件和技术能力是否符合法定要求实施的评价许可。检验检测机构取得资质认定后,可根据自身业务特点,对外出具检验、检测或者检验检测报告、证书)。

三、运行考核(适用时)

(一) 适用范围

主要包括车辆,通信系统(包括LTE-M手持台、LTE-M车站固定台、LTE-M TAU、LTE-M车载集群终端),信号系统[包括基于通信的列车运行控制系统(CBTC)、列车自动防护系统(ATP)、列车自动运行系统(ATO)、列车自动监控系统(ATS)、计算机联锁系统(CI)]。

（二）运行考核要求

运行考核前应由轨道交通业主单位或认证机构与认证委托人确认《运行考核大纲》，运行考核时应见证考核过程，运行考核结束后，轨道交通业主单位或认证机构应出具符合要求的运行考核证明文件，内容包括使用项目或场所、使用数量、产品名称、规格型号、里程、时间、产品使用情况、故障处理情况等。

第四节
功能安全认证（适用时）

一、一般要求

功能安全认证是指对 GB/T 20438 系列标准所定义的产品功能安全所开展的认证活动。在 GB/T 20438 中，把每一个安全功能降低风险的能力定义为"安全完整性等级"（Safety Integrity Level, SIL）。功能安全从系统整体出发，把该类系统的安全转化为 SIL 等级进行控制，等级数字越高，降低风险的能力就越强。

功能安全认证在城轨交通领域的应用已比较广泛，如列车控制与诊断系统、电动客室侧门、CBTC 系统、ATS 系统、ATO 系统、ATP 系统、CI 系统和站台屏蔽门都要求了相应的 SIL 等级。城轨交通领域的 SIL 等级主要分为 1、2、3、4 级，由于 SIL1-2、SIL3-4 级别间要求差异较小，因此常见的是 SIL2、SIL4 两级要求。

功能安全认证的对象为存在安全性风险且由电气/电子/可编程电子系统组成或驱动的产品，已发布 CURC 目录中需要进行功能安全认证的产品及 SIL 等级要求见表 8-2。

已发布 CURC 目录中需要进行功能安全认证的产品及 SIL 等级　　　　表 8-2

产品名称	产品范围	安全完整性等级
城市轨道交通电动客车列车控制与诊断系统	列车控制与诊断系统	SIL2/SIL0
城市轨道交通车辆车门	电动客室侧门	SIL2
城市轨道交通基于通信的列车运行控制系统（CBTC）	基于通信的列车运行控制系统（CBTC）	SIL4
	列车自动监控系统（ATS）	SIL2
	列车自动运行系统（ATO）	SIL2
	列车自动防护系统（ATP）	SIL4
	计算机联锁系统（CI）	SIL4
城市轨道交通车站设备	站台屏蔽门	SIL2

对上述产品而言，相当于把功能安全认证纳入 CURC 认证范畴，是 CURC 认证的一部分，需要注意的是：

（1）CURC认证目录中的部分产品，如"制动控制装置""牵引逆变器"等，虽符合功能安全认证的适用范围，但由于行业对该产品的安全完整性等级未形成统一认识和标准，需待产品标准完善后才能在CURC认证规则中增设要求。

（2）《特定要求—城市轨道交通电动客车列车控制与诊断系统》中规定了例外条款：列车控制与诊断系统软件的安全完整性等级要求应满足SIL2级要求，如经过认证机构确认，申证产品采取的非软件控制措施可以覆盖所有安全风险时，其软件安全完整性等级可以为0级。

二、依据标准

城市轨道交通装备产品认证中安全系统功能安全认证根据下列标准要求开展：
《轨道交通　可靠性、可用性、可维修性和安全性规范及示例》（GB/T 21562）；
《轨道交通　通信、信号和处理系统　控制和防护系统软件》（GB/T 28808）；
《轨道交通　通信、信号和处理系统　信号用安全相关电子系统》（GB/T 28809）。

三、实施要求

认证机构需要检查产品是否按照认证委托人声明的安全完整性等级（SIL）进行开发；其中软件开发过程必须满足《轨道交通　通信、信号和处理系统　控制和防护系统软件》（GB/T 28808）中相对应的安全完整性等级的要求；硬件和系统（软件和硬件集成）必须满足《轨道交通　通信、信号和处理系统　信号用安全相关电子系统》（GB/T 28809）中的相应要求。认证机构完成功能安全认证后，出具功能安全认证报告，该报告所确认的产品安全完整性等级（SIL）应在城市轨道交通装备产品认证证书中予以体现。

功能安全认证是CURC认证中唯一可以由不具备CURC认证资质的机构从事的环节，但其认证结果要由CURC认证机构按要求复核，确认是否采信。主要有三种情况：

（1）CURC认证规则实施前，申证产品已完成功能安全认证的，为减轻企业负担，认证机构应按上述要求进行复核，确认是否采信其结果。

（2）CURC认证规则实施后，可由CURC认证机构直接在其资质范围内开展相应系统的功能安全认证，如由具备城市轨道交通电动客车列车控制与诊断系统认证资质的认证机构，直接开展该系统的功能安全认证。

（3）CURC认证规则实施后，企业也可提交由国家认证认可监督管理部门批准的其他认证机构出具的安全完整性等级符合标准要求的证明及相关文件，认证机构应按上述要求复核，确认是否采信其结果。本处的"其他认证机构"是指经国家认证认可监督管理部门批准成立的、尚不具备CURC认证资质的认证机构。

四、功能安全认证的一般流程

功能安全认证基于风险的评估以及过程符合性评估，通常需要对故障安全技术设计与实现、安全管理过程符合性等进行综合评估，认证活动完成后，颁发功能安全认证证书，发布功能安全评估报告。

功能安全认证的实施应是基于认证标准的要求,在产品全生命周期内,由认证机构实施全流程检查。一般情况下,功能安全认证需要审查产品全生命周期资料、依据生命周期阶段实施阶段审查,并实施现场测试的见证。

(一) 功能安全认证产品的范围/边界划分

功能安全认证可以对软件、硬件以及系统(即软件+硬件)认证。CURC认证制度下的功能安全认证还需要考虑认证单元。

(二) 质量管理要求

质量管理应该涵盖产品、工作流程和工作程序、项目人员等方面。

(三) 产品危害管理及风险管理

产品危害管理是指针对申证产品的危害管理,包括系统定义、危害识别、原因识别、确定后果(指危害一旦在某些条件下变成事故的后果)、持续管理。

风险管理包括风险评估和危害控制两大部分。风险评估包括系统定义、风险分析和风险估计/估算,而危害控制包括危害分析和安全证明。

(四) 硬件/系统功能安全的认证

此处的系统指硬件加软件。硬件的功能安全包括两部分:系统性失效完整性和随机性失效完整性,其中系统性失效在铁路领域的安全标准不考虑采用量化的方法,随机性失效需要考虑采用量化的方法。硬件/系统功能安全认证,需要对申证产品的系统性和随机性两方面进行认证。

(五) 外购硬件认证

当申证产品有应用外购硬件的情况时,申证单位需要按照《轨道交通 通信、信号和处理系统 信号用安全相关电子系统》(GB/T 28809)的要求将外购硬件纳入申证产品统一考虑,需要提供设备外购硬件的故障模式及影响,并且进行安全确认和安全证明。认证机构的认证范围需要涵盖申证产品所使用到的外购硬件。

(六) 软件安全性认证

当申证产品包括软件时,申证单位需要按照《轨道交通 通信、信号和处理系统 控制和防护系统软件》(GB/T 28808)的要求进行软件开发。认证机构的认证范围至少需要涵盖到申证产品与安全性相关的软件。

(七) 测试工作

测试工作包括两大部分:编制测试规范、开展测试并且形成测试报告。测试规范应该按照从高层次向低层次的顺序编写,而测试工作应该按照由低层次向高层次的顺序开展。申证单位应该具备管理测试缺陷的规程。认证机构需要检查和审核上述测试内容。

(八) 安全性证明

申证单位应该按照《轨道交通 通信、信号和处理系统 信号用安全相关电子系统》(GB/T 28809)中定义的安全论据结构,论证/证明申证产品的安全性。安全论据结构包括:系统定义、质量管理报告、安全管理报告、技术安全报告、相关安全论据和结论。

(九) 产品变更/更新的认证

申证产品的变更/更新按照《通用要求》(编号 CNCA-CURC-01:2019)第 6 章认证变更的规定执行。

五、功能安全复核

针对实施要求中第一、第三种情况,由认证机构采取复核的方式对认证委托人已有的功能安全认证证书进行复核,认证委托人需至少提交以下文件:
(1)功能安全认证证书;
(2)功能安全评估报告;
(3)系统需求规格说明书;
(4)系统架构规格说明书;
(5)软件需求规格说明书;
(6)硬件需求规格说明书;
(7)风险分析及安全需求;
(8)系统测试报告(含测试记录);
(9)软件测试报告(含测试记录);
(10)硬件测试报告(含第三方型式试验报告);
(11)RAMS 分析报告;
(12)安全案例(6 部分);
(13)发布记录。

CURC 认证机构基于上述证据完成功能安全复核,审查产品全生命周期资料、依据生命周期实施阶段审查,并实施现场测试的见证。复核通过后,出具功能安全复核报告,该报告所确认的产品安全完整性等级(SIL)应在该产品 CURC 认证证书中予以体现。

第五节 初始工厂检查

一、检查内容

初始工厂检查的内容包括认证委托人申请材料的文件审查和产品生产企业现场的工厂质量保证能力检查(含产品一致性检查)。

(一)文件审查

认证机构指派检查员对认证委托人提交的管理体系文件、企业标准、必备的生产设备、工艺装备、计量器具和检测手段、人员情况等材料进行文件审查。必要时认证机构可安排初访、预审或安全证据的复核。

此处所说的检查员是指由中国认证认可协会(China Certification and Accreditation,CCAA)注册的产品检查员。只有注册的检查员才有资格实施工厂检查的活动。

检查员在文件审查结束后编写文件审查报告,报告审查结果:
(1)文件审查基本符合要求,进行下一步工作;
(2)文件审查不符合要求,由认证委托人对不符合项进行补充和完善。

(二)工厂质量保证能力检查

认证机构指派检查组在生产企业现场按照《城市轨道交通装备产品认证实施规则 通用要求》附件1(《城市轨道交通装备产品认证工厂质量保证能力要求》)进行工厂质量保证能力检查,检查工作由检查组长负责。

二、检查范围

工厂质量保证能力检查应覆盖申请认证的所有产品和生产制造涉及的所有活动和场所。

三、检查时间

文件审查和工厂质量保证能力检查时间根据所申请认证产品的认证模式、产品复杂程度、认证单元数量、生产规模、生产场所,以及产品风险类别等确定,以人日数计算。

产品风险类别按由高到低分为3类:
第1类风险
直接关系运营安全的产品,如道岔、通讯和信号系统部分产品、车辆整车、轮对等产品。
第2类风险
关系运营安全的一般产品,除确定为第1类和第3类风险外的其他产品。
第3类风险
不直接影响或不影响运营安全并且结构和技术相对简单的产品和成熟性较高的产品,如车厢座椅、扶手等。

四、检查的基本流程

初始工厂检查基本流程如图8-2所示。

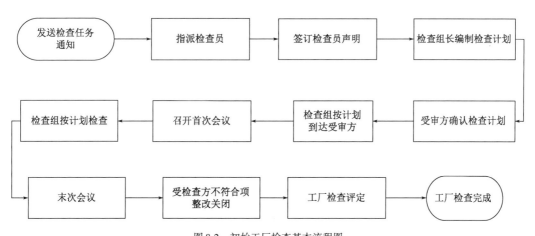

图8-2 初始工厂检查基本流程图

五、工厂质量保证能力总要求

工厂应建立满足《城市轨道交通装备产品认证实施规则 通用要求》附件1(《城市轨道交通装备产品认证工厂质量保证能力要求》)中要求的文件化的管理体系并使之有效运行,且具备批量生产符合认证标准要求的产品的能力。

六、检查原则

(1)本章节中注▲的条款为关键项。

初次认证时关键项为:本章节工厂质量保证能力要求中的总要求、设备工装、生产设施、监视和测量设备、出厂检测。

监督检查时关键项为:本章节工厂质量保证能力要求中的设备工装/产品一致性、监视和测量设备/产品一致性、出厂检测、变更控制、认证证书和标志。

复评认证时关键项为:初次认证的关键项和本章节工厂质量保证能力要求中的变更的控制、认证证书和标志。

(2)每一个检查项目检查内容都可按符合、一般不符合、严重不符合三种结论进行评价,其中严重不符合是指造成区域性、系统性和后果严重的不符合,一般不符合是指个别的、偶然的、孤立的不符合。

七、检查结论的确定原则

(一)初次和复评认证时的确定原则

(1)全部检查内容无不符合项时,检查结论为"工厂质量保证能力符合要求,工厂生产条件对认证的产品具备保证能力";

(2)若关键项无严重不符合,且关键项的一般不符合不超过1项,同时非关键项的严重不符合不超过1项时,检查结论为"工厂质量保证能力基本符合要求,工厂生产条件对认证的产品基本具备保证能力";

(3)当不满足上述第(2)条要求时,检查结论为"工厂质量保证能力不符合要求,工厂生产条件对认证的产品不具备保证能力"。

(二)监督检查时的确定原则

(1)全部检查内容无不符合项时,检查结论为"工厂质量保证能力符合要求,工厂生产条件对认证的产品具备保证能力";

(2)若无严重不符合,且关键项的一般不符合不超过1项时,检查结论为"工厂质量保证能力基本符合要求,工厂生产条件对认证的产品基本具备保证能力";

(3)当不满足上述第(2)条要求时,检查结论为"工厂质量保证能力不符合要求,工厂生产条件对认证的产品不具备保证能力"。

(三)扩项/变更时的确定原则

如扩项/变更时需要进行工厂质量保证能力检查,结果判定比照监督检查时的确定原则执行。

八、工厂质量保证能力要求

(一)总要求▲

工厂应具备申证产品的风险承担能力,申证产品符合国家相关法律法规要求。

(二)职责

(1)工厂应规定与认证产品质量活动有关的各类人员的职责、权限及相互关系,有相应的考核办法并严格实施。

(2)工厂应在组织的内部指定一名质量保证负责人和一名认证联络工程师(或联络员)。

质量保证负责人应是组织管理层中的一名成员,应具有充分的能力胜任本职工作。不论其在其他方面职责如何,应具有以下方面的职责和权限:

①确保执行与认证产品有关的法律、法规及相关产品标准的要求;
②确保加贴认证标志的产品符合认证依据的要求;
③及时向认证机构申报涉及获证产品一致性等方面的变更;
④负责与认证机构协调认证方面的事宜;
⑤建立文件化的程序,确保认证标志的妥善保管和使用;
⑥建立文件化的程序,确保不合格品和获证产品变更后未经认证机构确认,不加贴认证标志。

认证联络工程师(或联络员)应熟悉认证业务,其职责是协助质量保证负责人与认证机构联络认证事宜。

(三)资源

1. 人员

工厂应配备相应的人力资源,确保从事对产品质量有影响工作的人员具备必要的能力:

(1)工厂的管理层应具有一定的质量管理知识,并具有一定的专业技术知识;
(2)技术人员应掌握专业技术知识,能胜任产品、工艺设计、过程控制和检测等各方面工作,并具有一定的质量管理知识;
(3)工厂应有独立行使权力的检验检测人员,检验检测人员须经过培训上岗;
(4)生产工人应能看懂相关技术文件(图纸、配方和工艺文件等),并能正确熟练地操作设备;
(5)特殊岗位人员应按国家、行业或其他有关规定经专业培训合格后持证上岗。

2. 基础设施

工厂应配备满足稳定生产符合认证要求产品的生产设备;建立并保持适宜的生产、储存等环境条件。

1)设备工装

工厂应具有《特定要求》规定的生产设备和工艺装备,且性能应满足标准规定和生产合格产品的要求▲,建立并保持生产设备维护保养制度。

2)生产设施▲

工厂应具备满足生产要求的工作场所和生产设施,生产环境符合相关法律、法规和认证检验检测依据的要求。

3. 监视和测量资源

(1)工厂应具备《特定要求》规定的检测、试验、计量等监视和测量设备,设备能力满足要求▲,计量设备符合溯源要求。

(2)工厂应制定完善的监视测量装置的管理、维护保养制度,建立设备台账,制定设备操作规程。

(3)用于确定所生产的产品符合规定要求的检验检测、试验设备应按规定的周期进行校准或检定;对自行校准的应规定相应的校准方法、验收准则和校准周期。设备的校准或检定状态应能被使用及管理人员方便识别,并保留设备的检定或校准记录。

(4)需要时,对用于出厂检验检测的设备应进行期间核查。当发现期间核查结果不能满足规定要求时,应能追溯至已检验检测过的产品。必要时应对这些产品重新进行检验检测。应规定操作人员在发现设备功能失效时需采取的措施。应保留期间核查结果及采取的调整等措施的记录。

(5)当发现检定、校准或期间核查结果不能满足规定要求时,应能追溯至已检验检测过的产品。必要时应对这些产品重新进行检验检测。应规定操作人员在发现设备功能失效时需采取的措施。应保留采取措施的记录。

(四)文件和记录

(1)工厂应建立并保持认证产品的质量计划或类似文件,以及为确保产品质量的相关过程有效运行和控制需要的文件。质量计划应包括产品设计目标、实现过程、检测及有关资源的规定,以及产品获证后对获证产品的变更(标准、工艺、关键零部件等)、标志的使用等管理规定。产品设计标准或规范应是质量计划的其中一个内容。

(2)工厂应建立并保持文件化的程序以对文件实施有效控制,应确保:

①文件发布和变更前经过批准;

②文件的更改和修订状态得到识别,防止作废文件的使用;

③确保在使用处可获得文件有效版本。

(3)工厂需要建立的文件化程序,内容至少应包括:文件控制、记录控制、供应商选择评价控制、原材料检测或验证控制、出厂检测和型式试验控制、不合格品控制、内部质量审核控制、纠正预防措施控制、产品认证标志的保管和使用控制、认证产品变更控制、对认证证书与认证标志的管理和产品一致性的管理要求、安全文明生产的管理要求。

(4)工厂应具备如下技术文件:

①与产品相关的国家、行业和企业技术标准,及国家法律、法规和认证检验检测依据相关要求;

②完整的产品结构图纸/配方、工艺文件、检验检测规则等文件。
(5)工厂至少应保持以下记录,确保记录清晰、完整、可追溯,并有适当的保存期限:
①对供应商的选择、评价和日常管理记录;
②原材料检测/验证和确认检测记录;
③生产过程控制记录;
④产品出厂检测记录、产品型式试验记录;
⑤检测和测试设备检定或校准记录;
⑥检测和测试设备期间核查及调整记录;
⑦顾客投诉及纠正措施记录;
⑧对不合格品采取措施的记录;
⑨内部审核记录;
⑩标志使用情况的记录。

(五)产品的设计和开发

1. 总则

组织应建立、实施和保持适当的设计和开发过程,以确保后续产品的提供。

2. 设计和开发策划

在确定设计和开发的各个阶段和控制时,组织应考虑:
(1)设计和开发活动的性质、持续时间和复杂程度;
(2)所需的过程阶段,包括适用的设计和开发评审;
(3)所需的设计和开发验证、确认活动;
(4)设计和开发过程涉及的职责和权限;
(5)产品的设计和开发所需的内部、外部资源;
(6)设计和开发过程参与人员之间接口的控制需求;
(7)顾客及使用者参与设计和开发过程的需求;
(8)后续产品和服务提供的要求;
(9)顾客和其他有关相关方所期望的对设计和开发过程的控制水平;
(10)证实已经满足设计和开发要求所需的成文信息。

3. 设计和开发输入

组织应针对设计和开发的具体类型的产品和服务,确定必需的要求。组织应考虑:
(1)功能和性能要求;
(2)来源于以前类似设计和开发活动的信息;
(3)法律法规要求;
(4)组织承诺实施的标准或行业规范;
(5)由产品和服务性质所导致的潜在的失效后果。
针对设计和开发的目的,输入应是充分和适宜的,且应完整、清楚。
相互矛盾的设计和开发输入应得到解决。

组织应保留有关设计和开发输入的成文信息。

4. 设计和开发控制

组织应对设计和开发过程进行控制,以确保:

(1)规定拟获得的结果;

(2)实施评审活动,以评价设计和开发的结果满足要求的能力;

(3)实施验证活动,以确保设计和开发输出满足输入的要求;

(4)实施确认活动,以确保形成的产品能够满足规定的使用要求或预期用途;

(5)针对评审、验证和确认过程中确定的问题采取必要措施;

(6)保留这些活动的成文信息。

5. 设计和开发输出

组织应确保设计和开发输出:

(1)满足输入的要求;

(2)满足后续产品的提供过程的需要;

(3)包括或引用监视和测量的要求,适当时,包括接收准则;

(4)规定产品特性,这些特性对于预期目的、安全和正常提供是必需的。

组织应保留设计和开发输出的成文信息。

6. 设计和开发更改

组织应对产品在设计和开发期间以及后续所做的更改进行适当的识别、评审和控制,以确保这些更改对满足要求不会产生不利影响。

组织应保留下列成文信息:

(1)设计和开发更改。

(2)评审的结果。

(3)更改的授权。

(4)为防止不利影响而采取的措施。

(六)采购和进货检验

1. 供应商的控制

(1)工厂建立的供应商选择评价控制程序应包括供应商的选择、评价和日常管理,以确保供应商具有生产关键元器件和材料满足要求的能力。

(2)工厂应保存对供应商的选择评价和日常管理记录。

2. 外部提供过程、产品的验证

(1)工厂应建立并保持对供应商提供的关键零部件和材料的检测或验证的程序,制定进货检测或验证规则,包括检测或验证项目、内容、方法与判定准则,以确保关键零部件和材料满足认证所规定的要求。

(2)关键零部件和原材料的进货检测项目应与《特定要求》列出的必备检测设备相对应,其他检测项目可委托有资质的第三方进行或对供应商的检测结果进行验证。工厂应对供应商提出明确的检测要求。

(3)工厂应保存关键零部件或材料的检测或验证记录,确认检测记录及供应商提供的合格证明及有关检测数据等,供应商提供的合格证明应有其组织内部负有质量职责的检测人员的签名或签章。

(七)生产过程的控制

1. 工艺管理

(1)工厂应制定工艺管理制度及考核办法,并严格执行。
(2)生产工人应严格按操作规程、作业指导书等工艺文件进行生产操作。

2. 过程控制

(1)产品生产过程中如对环境条件有要求,应保证工作环境满足规定的要求。
(2)应对认证产品的关键生产工序进行识别,并制定相应的工艺作业指导书,使生产过程受控。
(3)对关键工序中过程的输出结果不能由后续的监视或测量加以验证的,应对生产过程实现策划结果的能力进行确认和定期再确认,对适宜的过程参数和产品特性进行监控。
(4)应建立并保持生产设备维护保养制度。
(5)应建立并保持过程检验检测制度,在生产的适当阶段对产品进行检验检测,保留检验检测记录,并对产品的检验检测状态进行标识。
(6)工厂所进行的包装、搬运操作和储存环境应不影响产品符合规定标准要求。在搬运和储存过程中应加强防护,防止原辅材料、半成品、成品出现损坏。

3. 标识和可追溯性

工厂应采用适当的方法标识产品。在生产整个过程中按照监视和测量要求识别产品的状态,当有可追溯要求时,应控制并记录产品的唯一性标识。

(八)产品出厂检验检测

(1)出厂检验检测人员应能熟练操作检测设备,并掌握产品、检测方法和抽样方法标准。
(2)工厂建立的检验检测程序中应包括检测项目、内容、方法、判定等。
(3)工厂按规定要求进行出厂检验检测,并保存检验检测记录▲。
(4)现场检查员应抽取经确认合格的产品进行部分项目的见证试验,检测结果应符合要求。

(九)不合格品控制

(1)工厂建立的不合格品控制程序,内容应包括不合格品的标识、隔离和处置方法、原因分析及采取纠正预防措施的要求。
(2)经返修、返工后的产品应重新检测。
(3)应保留对重要部件或组件返修以及不合格品处置的记录。
(4)工厂不得将不合格产品预期交付使用或投入市场,对于已获证产品已交付使用的应主动召回,并向现有的和潜在的所有相关方告知其认证状态。

(5)获证的产品存在质量问题时(如国家级或省级监督抽查不合格等),认证委托人应及时通知认证机构。

(十)内部审核

(1)工厂的内部审核程序应包含策划、实施、报告结果、记录等要求。

(2)工厂应将投诉情况作为内部审核的输入。

(3)对内部审核中发现的问题,应采取纠正和预防措施。

(十一)认证产品的一致性

1. 一致性控制

工厂应对批量生产产品与抽样检验检测合格的产品和申报材料的一致性进行控制,以使认证产品持续符合规定的要求。主要包括:

(1)认证产品的铭牌和包装上所标明的产品名称、规格型号应与认证委托或认证后确认的规格型号相一致。

(2)认证产品的结构应与认证委托时提交的图纸或认证检验检测的样品结构一致。

(3)《特定要求》中关键零部件和材料的控制项目应与申报并经认证机构确认的一致。

(4)抽取样品进行现场见证试验,认证产品质量与认证产品标准的要求一致。

2. 变更的控制▲

认证产品的变更(可能影响与相关标准的符合性或型式试验样品的一致性)在实施前向认证机构申报,获得批准后方可加贴认证标识销售。

(十二)安全文明生产

1. 安全生产

(1)工厂应根据国家、行业有关法律、法规、规章制定并实施安全生产制度,保证生产安全。

(2)生产设施、设备的危险部位应有安全防护装置,车间、库房等地应配备消防器材,易燃、易爆等危险品应进行隔离和防护等。

(3)生产废水、废气、废料排放、噪声污染、辐射污染及卫生要求符合国家有关规定。

2. 文明生产

厂房、车间应清洁、明亮。生产场地布局合理,道路平坦通畅,原辅材料、半成品、成品、工装器具等按规定放置。

(十三)认证证书和标志▲

对已获得认证证书的产品,工厂对其认证证书和标志的管理及使用应符合认证标志管理规定。对于统一印制的标准规格产品认证标志或采用印刷、模压等方式加施的认证标志,工厂应保存使用记录。

对于下列产品,不得加施认证标志或放行:

(1)未获认证的城市轨道交通装备产品;
(2)获证后的变更需经认证机构确认,但未经确认的产品;
(3)超过认证有效期的产品;
(4)已暂停、注销、撤销的证书所列产品;
(5)不合格产品。

九、工厂质量保证能力检查结果

检查组对工厂质量保证能力检查中确认的不符合项开具不符合报告,在工厂质量保证能力检查结束前向认证委托人通报检查结果。

工厂质量保证能力检查结论为基本具备保证能力时,认证委托人应在规定时间内对工厂质量保证能力检查中发现的不符合项进行原因分析并采取纠正措施,由检查组长或其指定的检查员对纠正措施的实施效果进行验证,确认其是否符合规定后,将相关资料提交认证机构进行认证结果评价。

工厂质量保证能力检查结论为具备或不具备保证能力时,由检查组长负责将相关资料提交认证机构进行认证结果评价。

十、初始工厂检查常见问题解析

(1)企业通过了 ISO 9000 体系认证,CURC 认证时是否还需进行工厂检查?

体系认证的对象是企业,依据的标准为 ISO 9000 族标准,是企业运行的基本要求,而产品认证的对象是具体的产品,依据的标准为各产品的具体标准,产品认证一般要求企业按照 ISO 9000 标准先建立体系,或者通过 ISO 9000 体系认证。可以说,体系认证是产品认证的基础,实施了体系认证,不能代替产品认证的工厂检查。

(2)如果企业有多个工厂,是否每个工厂均需进行工厂检查?

根据 CURC 认证实施规则要求,同一型号的产品,由不同生产厂生产,应作为不同的认证单元分别提出认证申请和颁发认证证书。即使生产相同型号的产品,但各个工厂"人、机、料、法、环"不尽相同,因此均应做工厂检查。

(3)认证机构实施现场工厂检查时,企业是否需要安排生产活动?

根据 CURC 认证实施规则要求,现场工厂检查应覆盖申请认证的所有产品和生产制造涉及的所有活动和场所。所以现场工厂检查期间,企业需安排生产活动。

第六节 认证结果评定及认证时限

一、认证结果评定

认证机构负责组织认证决定人员对型式试验结果、初始工厂检查结果、功能安全认证结果等进行综合评定。符合发证条件的,由认证机构向认证委托人颁发认证证书;不符合发证条件的,终止认证,由认证机构向认证委托人发出认证结果通知书,并说明原因。

二、认证各环节的时限要求

认证机构应对认证各环节的时限做出规定,并确保相关工作按时限要求完成。认证委托人须对认证活动予以积极配合。一般情况下,认证机构收到申请材料10个工作日内,应发出受理或不受理通知书。需要补充材料时,通知认证委托人补充材料,符合要求后10个工作日内发出受理通知书。

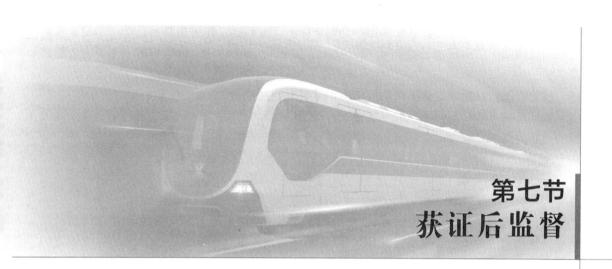

第七节 获证后监督

一、获证后监督的频次

获证后,在证书有效期内每12个月至少进行一次监督检查,若发生下述情况之一可增加监督检查频次:

(1)获证产品出现严重质量问题或用户提出投诉,经查实为认证委托人责任的;
(2)认证机构对获证产品与认证标准要求的符合性质疑时;
(3)认证委托人因变更组织结构、生产条件、管理体系等,可能影响产品符合性或一致性时。

二、获证后监督的内容

获证后的监督包括工厂质量保证能力监督检查和产品抽样检验检测两部分。

(一)工厂质量保证能力监督检查

由认证机构指派检查组进行,检查员的要求同初次认证工厂检查。检查的条款至少覆盖本章第五节工厂质量保证能力检查要求中的设备设施、关键零部件和材料的采购、生产过程控制、检验检测、不合格品控制、最终产品的出厂检验、证书/标志的使用、产品一致性、上次检查提出的或产品检验检测的不合格项、顾客投诉、不合格产品的处置结果及认证产品的变更等内容,其他项可结合需要选查。

监督检查时关键项为:设备工装/产品一致性、监视和测量设备/产品一致性、出厂检测、变更控制、认证证书和标志。

检查时间比照初始工厂检查确定,一般为初始工厂检查时间的1/2~3/4。

具体检查的原则及不符合项的判定同初次认证。

(二)产品抽样检验检测

需要时,对获证产品进行抽样检验检测。抽样检验检测的样品应在生产企业生产的合格品中随机抽取,包括生产线、仓库和用户处的产品。产品抽样工作可由具有认证产品检验检测资格的机构或工厂质量保证能力监督检查组人员进行,抽样方案、检验检测项目详见《特定要求》。

检验检测依据所规定的项目均可作为抽样检验检测项目。

认证机构可针对不同产品的不同情况,以及其对产品性能的影响程度,进行部分或全部项目的检验检测。

三、监督结果

监督检查合格的,由认证机构向认证委托人发出维持认证证书通知书,可以继续保持认证证书并使用认证标志。需要注意,CURC认证证书与当年维持认证证书通知书同时使用方为有效。

监督检查不合格的,由认证机构向认证委托人发出暂停认证证书通知书或撤销认证证书通知书,并说明原因,对外公告。

第八节 产品认证证书

一、认证证书内容

城市轨道交通装备产品认证证书至少包括以下内容：
(1) 认证委托人名称、注册地址；
(2) 产品商标(需要时)、生产者(制造商)、生产或加工厂(场)所名称、地址；
(3) 产品名称、产品系列(适用时)、规格/型号(适用时)、软件版本(适用时)，需要时对产品功能、特征的描述；
(4) 认证模式；
(5) 认证依据的标准、技术要求；
(6) 符合的安全完整性等级(适用时)；
(7) 发证日期和有效期；
(8) 证书编号；
(9) 发证机构名称地址，并加盖认证机构印章；
(10) 年度检查确认要求；
(11) 查询网址和电话；
(12) 其他需要标注的信息。

二、认证证书的有效性

(1) 产品认证证书有效期为五年，证书有效性依据获证后的监督结果获得保持。
(2) 需要延续证书有效期的，认证委托人应在证书有效期满前，按规定时间要求重新提出认证申请，认证机构按本规则重新进行受理和检查。

三、认证证书的使用要求

《中华人民共和国认证认可条例》《认证证书和认证标志管理办法》《城市轨道交通装备认

证实施意见》《认监委关于明确城市轨道交通装备认证机构资质条件及认证实施规则的公告》和《城市轨道交通装备产品认证证书编号说明》等均对认证证书的使用提出了具体要求。

（一）《中华人民共和国认证认可条例》对认证证书提出的使用要求

第二十三条 认证结论为产品、服务、管理体系符合认证要求的，认证机构应当及时向委托人出具认证证书。

第二十四条 获得认证证书的，应当在认证范围内使用认证证书和认证标志，不得利用产品、服务认证证书、认证标志和相关文字、符号，误导公众认为其管理体系已通过认证，也不得利用管理体系认证证书、认证标志和相关文字、符号，误导公众认为其产品、服务已通过认证。

第二十六条 认证机构应当对其认证的产品、服务、管理体系实施有效的跟踪调查，认证的产品、服务、管理体系不能持续符合认证要求的，认证机构应当暂停其使用直至撤销认证证书，并予公布。

第五十九条 认证机构有下列情形之一的，责令改正，处5万元以上20万元以下的罚款，有违法所得的，没收违法所得；情节严重的，责令停业整顿，直至撤销批准文件，并予公布：

（三）未对其认证的产品、服务、管理体系实施有效的跟踪调查，或者发现其认证的产品、服务、管理体系不能持续符合认证要求，不及时暂停其使用或者撤销认证证书并予公布的；

第六十条 认证机构有下列情形之一的，责令限期改正；逾期未改正的，处2万元以上10万元以下的罚款：

（五）未及时向其认证的委托人出具认证证书的。

与认证有关的检查机构、实验室未对与认证有关的检查、检测过程作出完整记录，归档留存的，依照前款规定处罚。

第七十条 伪造、冒用、买卖认证标志或者认证证书的，依照《中华人民共和国产品质量法》等法律的规定查处。

第七十三条 认证机构未对其认证的产品实施有效的跟踪调查，或者发现其认证的产品不能持续符合认证要求，不及时暂停或者撤销认证证书和要求其停止使用认证标志给消费者造成损失的，与生产者、销售者承担连带责任。

（二）《认证证书和认证标志管理办法》对认证证书提出的使用要求

第四条 国家市场监督管理总局依法负责认证证书和认证标志的管理、监督和综合协调工作。

县级以上地方市场监督管理部门依法负责所辖区域内的认证证书和认证标志的监督检查工作。

第五条 禁止伪造、冒用、转让和非法买卖认证证书和认证标志。

第六条 认证机构应当按照认证基本规范、认证规则从事认证活动，对认证合格的，应当在规定的时限内向认证委托人出具认证证书。

第七条 产品认证证书包括以下基本内容：

(一)委托人名称、地址;
(二)产品名称、型号、规格,需要时对产品功能、特征的描述;
(三)产品商标、制造商名称、地址;
(四)产品生产厂名称、地址;
(五)认证依据的标准、技术要求;
(六)认证模式;
(七)证书编号;
(八)发证机构、发证日期和有效期;
(九)其他需要说明的内容。

第十条 获得认证的组织应当在广告、宣传等活动中正确使用认证证书和有关信息。获得认证的产品、服务、管理体系发生重大变化时,获得认证的组织和个人应当向认证机构申请变更,未变更或者经认证机构调查发现不符合认证要求的,不得继续使用该认证证书。

第十一条 认证机构应当建立认证证书管理制度,对获得认证的组织和个人使用认证证书的情况实施有效跟踪调查,对不能符合认证要求的,应当暂停其使用直至撤销认证证书,并予以公布;对撤销或者注销的认证证书予以收回;无法收回的,予以公布。

第十二条 不得利用产品认证证书和相关文字、符号误导公众认为其服务、管理体系通过认证;不得利用服务认证证书和相关文字、符号误导公众认为其产品、管理体系通过认证;不得利用管理体系认证证书和相关文字、符号,误导公众认为其产品、服务通过认证。

第二十一条 国家市场监督管理总局组织县级以上地方市场监督管理部门对认证证书和认证标志的使用情况实施监督检查,对伪造、冒用、转让和非法买卖认证证书和认证标志的违法行为依法予以查处。

第二十二条 国家市场监督管理总局对认证机构的认证证书和认证标志管理情况实施监督检查。

认证机构应当对其认证证书和认证标志的管理情况向国家市场监督管理总局提供年度报告。年度报告中应当包括其对获证组织使用认证证书和认证标志的跟踪调查情况。

第二十三条 认证机构应当公布本机构认证证书和认证标志使用等相关信息,以便于公众进行查询和社会监督。

第二十四条 任何单位和个人对伪造、冒用、转让和非法买卖认证证书和认证标志等违法、违规行为可以向市场监督管理部门举报。

《认证证书和认证标志管理办法》第五章还规定了违反本办法的处罚措施。

(三)《城市轨道交通装备认证实施意见》对认证证书提出的使用要求

(四)城轨装备认证机构依据认证规则依法开展目录内城轨装备认证,为获证企业颁发认证证书,并对获证企业及产品进行跟踪监督。

(八)从事认证目录内城轨装备认证的认证机构可按要求颁发认证证书,并将认证信息及时报送有关部门。城轨协会负责相关信息的汇总、统计、分析工作。

(十三)认证委托人可委托城轨装备认证机构进行相应的城轨装备认证,认证机构对符合要求的产品颁发认证证书。

(十四)认证机构应当依照认证规则对获证装备进行跟踪监督,对不能持续符合认证要求的,应作出暂停或者撤销认证证书的处理,并及时公布处理结果。

(四)《认监委关于明确城市轨道交通装备认证机构资质条件及认证实施规则的公告》对认证证书提出的使用要求

具备公告中资质条件的认证机构,"可按照《城市轨道交通装备产品认证第一批目录》中的产品名称(类别)向认监委提出申请,经批准后方可依据相关认证实施规则开展城市轨道交通装备产品认证,在认证证书和获证产品上使用'CURC'认证标志。"

(五)《城市轨道交通装备产品认证证书编号建议》提出的CURC认证证书的编号建议

为便于认证工作的查询、统计、分析及行业装备统型等相关工作联动管理,建议各认证机构按统一规则对认证证书进行编号,编号代码共分5层,具体见下图:

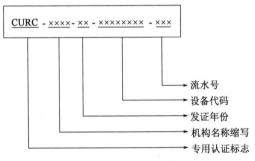

CURC认证证书编号代码示意图

其中:

"机构名称缩写"为大写英文字母。

"发证年份"为认证证书中载明的发证年份,仅写后两位数字。

"设备代码"参考了交通运输部提出编制的《城市轨道交通设施设备分类与代码》中的系统代码表及部分产品排序,采用4层8位代码表示。其中第一层为系统代码,采用2位系统名的拼音首字母表示,第二层至第四层根据各系统特点,按照专业属性逐层细分,最大到第四层,每层采用2位数字型代码表示,从"00"至"99"按顺序编码。认证技术委员会秘书处将根据发布的认证目录制定固定的设备代码表,各认证机构直接查询使用即可(请见《关于发布〈城市轨道交通装备产品认证标志使用说明〉、〈城市轨道交通装备产品认证证书编号建议〉和〈CURC首批目录设备代码表〉的通知》附件3)。"流水号"可根据各认证机构业务情况自行设置2~3位。

第九节 认证变更、扩项或范围缩小

一、认证变更

(一)变更的申请

《特定要求》中列出的关键零部件(或材料)的控制项目、关键生产场所(搬迁、增加新生产场所等)、产品结构设计等发生变更时,认证委托人应在批量生产前提出认证变更申请并经认证机构确认。

管理体系改变(例如所有权、生产组织结构发生较大变化时等)、组织隶属关系改变、认证标志的使用方式改变时,认证委托人应在20个工作日内提出认证变更申请并经认证机构确认。

认证委托人、生产厂、注册地址、生产地址、产品、型号(结构未变)等名称及法定代表人、认证联络工程师、企业联系方式等信息发生变更时,认证委托人应在20个工作日内向认证机构提出认证变更申请与备案。

对于涉及功能安全认证的产品,如列车控制与诊断系统、车门、CBTC系统、车站设备等,还需注意以下方面:

系统安全平台变更、软件架构变更、安全核心部分的算法逻辑变更、较复杂的安全功能变更和重大安全功能缺陷克服等相关系统变更,需要进行变更的安全评估,并由认证机构进行功能测试;系统应用控制功能变更、接口功能变更、一般功能变更和缺陷克服等变更应由企业执行内部安全评估流程和变更控制流程并报认证机构备案;其他数据变更、非安全功能变更及上述以外的非安全相关的变更等,由企业执行内部变更控制流程并报认证机构备案。

其他变更按照《特定要求》规定执行。

(二)变更的评价

如认证委托人有变更需求,需要提交认证变更申请书和相关证明材料。认证机构需要对企业提交的认证变更申请及材料进行评审,确认是否需要实施设计鉴定、是否需要实施产品检验检测、是否需要实施工厂检查,根据具体的变更情况实施具体的认证活动。

对于非实质性变更(例如商标变更、仅名称变更等),认证机构仅需进行文件评审,无须进行补充设计鉴定、产品检验检测、工厂检查等评价工作。

一般情况下,涉及关键零部件变更、产品结构设计变更,需要补充进行设计鉴定和(或)产品检验检测;涉及关键生产场所(搬迁、增加新生产场所等)变更,需要补充工厂检查和(或)检验检测。

(三)变更的确认

变更确认后,认证机构应向认证委托人发送变更结果确认通知书。认证变更未通过确认的,不得擅自使用认证标志,一经发现,认证机构将根据《通用要求》5.3条认证证书的暂停、注销和撤销中的要求(具体见本章第十节)对产品认证证书做出暂停直至撤销的决定。

二、认证扩项

(一)认证扩项的情形

认证委托人需要新增认证产品、新增产品认证单元或扩大已获证产品单元的覆盖范围时,应办理扩项手续,对于三类扩项的情形举例如下:

(1)新增认证产品。例如,认证委托人的A类产品已经取得认证证书且在有效期内,计划对B类产品进行认证。

(2)新增产品认证单元。例如,认证委托人的A1类产品已经取得认证证书且在有效期内,计划对A2类产品进行认证;A1、A2属于同一类产品,但是需要划分为不同的认证单元。

(3)扩大已获证产品单元的覆盖范围。例如,认证委托人的A类产品已经取得认证证书且在有效期内,证书覆盖型号有A-1、A-2;企业计划对后续生产的A-3产品进行认证,A-1、A-2、A-3属于同一认证单元。

(二)认证扩项的实施与确认

对于新增产品,认证委托人应提交认证申请书及相关材料,认证机构应比照初次认证的程序和要求进行工厂质量保证能力补充检查和产品抽样检验检测,确认合格的,为企业颁发新增产品认证证书。

对于新增认证单元或扩大已获证产品单元的覆盖范围,认证委托人应提交认证申请书及相关材料,认证机构根据需要对技术要求的差异进行补充检验检测或补充检查。如果涉及补充抽样检验检测和(或)工厂检查,需要认证委托人注意考虑扩项产品的样品基数以及生产情况。确认合格后,可颁发或换发认证证书。

三、认证范围缩小

认证委托人在证书有效期内需缩小认证范围的,比如,认证委托人的A类产品已经取得认证证书且在有效期内,证书覆盖型号有 A-1、A-2;企业后续不再生产 A-2 产品,计划缩小认证范围。认证委托人应提交变更认证申请书,由认证机构比照认证变更的要求办理证书变更手续。

第十节
认证证书的暂停、注销和撤销

一、认证证书的暂停

（1）凡有下列情况之一者，认证机构应暂停认证委托人持有的认证证书，并对外公告：

①认证委托人违反国家法律法规、国家级或省级监督抽查结果证明产品存在不合格，但不需要立即撤销认证证书的；

②认证产品适用的认证依据或者认证实施规则换版或变更，认证委托人在规定期限内未按要求履行变更程序，或产品未符合变更要求的；

③监督检查结果证明认证委托人违反认证实施规则的规定（包括产品抽样检验检测不合格、工厂监督检查不合格、产品一致性存在问题等）、产品抽样检测不合格、工厂监督检查不合格、产品一致性存在问题等或认证机构相关要求，但通过整改可以达到认证要求的；

④有关单位、部门或个人反映并经查实，已认证的产品存在质量问题，但未造成严重后果不需要立即撤销认证证书的；

⑤认证委托人未按规定使用认证证书和认证标志，视情节需要开展调查的；

⑥伪造检测报告，未造成严重后果不需要立即撤销认证证书的；

⑦认证委托人无正当理由不接受或不能在规定的期限内接受国家有关部门或认证机构的监督检查或监督抽样检测的；

⑧认证证书的信息（如认证委托人/生产者/生产厂的名称或地址，获证产品型号或规格等）发生变更或有证据表明生产厂的组织结构、管理体系发生重大变化，认证委托人未向认证机构申请变更批准或备案的；

⑨认证委托人主动申请暂停认证证书的；

⑩逾期未缴纳认证费用的；

⑪其他应当暂停使用认证证书的情形。

（2）认证证书暂停的，认证委托人应自暂停之日起6个月内提出恢复申请、12个月内完成整改，符合相关要求的，认证机构应恢复其认证证书。

（3）认证证书暂停期间，认证委托人不得使用证书，生产的该产品不得使用认证标志，不得就其认证资格做出误导性的声明;属产品质量缺陷被暂停认证证书的,不得将确认的缺陷产品预期交付使用或投入市场,已交付使用的应主动召回,并向现有的和潜在的所有相关采购方告知其认证状态。

二、认证证书的注销

(1)凡有下列情况之一者,认证机构应注销认证委托人持有的认证证书,并对外公告:
①认证委托人不再从事已获证产品生产,主动放弃保持认证证书的;
②获证产品已列入国家或相关方明令淘汰或禁止生产的;
③其他应注销认证证书的情形。
(2)自认证证书注销之日起,停止使用认证证书和认证标志。认证证书注销后不能恢复。
(3)如认证委托人申请注销正在暂停中的认证证书,认证机构应评价其是否完成相关不合格产品的处置后,决定是否予以注销。

三、认证证书的撤销

(1)凡有下列情况之一者,认证机构应撤销认证委托人持有的认证证书,禁止其使用认证标志,并对外公告:
①暂停使用认证证书后,6个月未提出恢复申请或12个月未完成整改的。因检验检测周期等特殊原因未完成整改的,按相关规定处理;
②认证委托人违反国家法律法规、国家级或省级监督抽查结果证明产品出现严重缺陷或一致性存在严重问题的;
③有关单位、部门或个人反映并经查实,因获证产品缺陷而导致质量责任事故的;
④出租、出借或者转让认证证书、认证标志,情节严重的;
⑤认证委托人提供虚假样品,或获证产品与抽样检测样品不一致的;
⑥弄虚作假,采用欺骗、贿赂等不正当手段获取认证证书的;
⑦列入国家信用信息严重失信主体相关名录的;
⑧其他应撤销认证证书的情形。
(2)自认证证书撤销之日起,不得使用认证证书和认证标志。

四、其他事项

(1)认证委托人/相关方应及时向认证机构通报因获证产品质量问题导致的质量责任事故。
(2)认证机构在日常工作中应与城市轨道交通行业相关部门加强信息沟通合作,及时收集相关方的投诉、媒体曝光和行业监管部门通报的违法信息以及各级监督抽查结果,对涉及认证产品的,认证机构应进行调查落实,按规定对相关认证证书做出暂停、撤销等处理决定。
(3)被注销和撤销的认证证书应予以收回,无法收回的应予以公布。

第十一节 认证标志的使用

《中华人民共和国认证认可条例》《认证证书和认证标志管理办法》《城市轨道交通装备认证实施意见》《认监委关于明确城市轨道交通装备认证机构资质条件及认证实施规则的公告》《城市轨道交通装备产品认证实施规则 通用要求》和《城市轨道交通装备产品认证标志使用说明》等均对认证标志的使用提出了具体要求。

一、《中华人民共和国认证认可条例》对认证标志提出的使用要求

第二十四条 获得认证证书的,应当在认证范围内使用认证证书和认证标志,不得利用产品、服务认证证书、认证标志和相关文字、符号,误导公众认为其管理体系已通过认证,也不得利用管理体系认证证书、认证标志和相关文字、符号,误导公众认为其产品、服务已通过认证。

第七十条 伪造、冒用、买卖认证标志或者认证证书的,依照《中华人民共和国产品质量法》等法律的规定查处。

第七十三条 认证机构未对其认证的产品实施有效的跟踪调查,或者发现其认证的产品不能持续符合认证要求,不及时暂停或者撤销认证证书和要求其停止使用认证标志给消费者造成损失的,与生产者、销售者承担连带责任。

二、《认证证书和认证标志管理办法》对认证标志提出的使用要求

第四条 国家市场监督管理总局依法负责认证证书和认证标志的管理、监督和综合协调工作。

县级以上地方市场监督管理部门依法负责所辖区域内的认证证书和认证标志的监督检查工作。

第五条 禁止伪造、冒用、转让和非法买卖认证证书和认证标志。

第十三条 认证标志分为强制性认证标志和自愿性认证标志。

自愿性认证标志包括国家统一的自愿性认证标志和认证机构自行制定的认证标志。

强制性认证标志和国家统一的自愿性认证标志属于国家专有认证标志。

认证机构自行制定的认证标志是指认证机构专有的认证标志。

第十四条 强制性认证标志和国家统一的自愿性认证标志的制定和使用,由国家市场监督管理总局依法规定,并予以公布。

第十八条 获得产品认证的组织应当在广告、产品介绍等宣传材料中正确使用产品认证标志,可以在通过认证的产品及其包装上标注产品认证标志,但不得利用产品认证标志误导公众认为其服务、管理体系通过认证。

第二十一条 国家市场监督管理总局组织县级以上地方市场监督管理部门对认证证书和认证标志的使用情况实施监督检查,对伪造、冒用、转让和非法买卖认证证书和认证标志的违法行为依法予以查处。

第二十二条 国家市场监督管理总局对认证机构的认证证书和认证标志管理情况实施监督检查。

认证机构应当对其认证证书和认证标志的管理情况向国家市场监督管理总局提供年度报告。年度报告中应当包括其对获证组织使用认证证书和认证标志的跟踪调查情况。

第二十三条 认证机构应当公布本机构认证证书和认证标志使用等相关信息,以便于公众进行查询和社会监督。

第二十四条 任何单位和个人对伪造、冒用、转让和非法买卖认证证书和认证标志等违法、违规行为可以向市场监督管理部门举报。

《认证证书和认证标志管理办法》第五章还规定了违反本办法的处罚措施。

三、《城市轨道交通装备认证实施意见》对认证标志提出的使用要求

(七)认证目录内的城轨装备认证应使用统一的认证标志。认证标志由基本图案和认证机构标志识别信息组成,如下图:

+认证机构标志识别信息

(九)获得城轨装备认证的产品按认证规则要求加施统一的城轨装备认证标志。

四、《认监委关于明确城市轨道交通装备认证机构资质条件及认证实施规则的公告》对认证标志提出的使用要求

具备公告中资质条件的认证机构,"可按照《城市轨道交通装备产品认证第一批目录》中的产品名称(类别)向认监委提出申请,经批准后方可依据相关认证实施规则开展城市轨道交通装备产品认证,在认证证书和获证产品上使用'CURC'认证标志。"

五、《城市轨道交通装备产品认证实施规则 通用要求》对认证标志提出的使用要求

4.6.3 监督结果

监督检查合格的,由认证机构向认证委托人发出维持认证证书通知书,可以继续保持认证证书并使用认证标志。监督检查不合格的,由认证机构向认证委托人发出暂停认证证书通知书或撤销认证证书通知书,并说明原因,对外公告。

5.3.1 认证证书的暂停

5.3.1.1 凡有下列情况之一者,认证机构应暂停认证委托人持有的认证证书,并对外公告:

e)认证委托人未按规定使用认证证书和认证标志,视情节需要开展调查的;

5.3.1.3 认证证书暂停期间,认证委托人不得使用证书,生产的该产品不得使用认证标志,不得就其认证资格做出误导性的声明;属产品质量缺陷被暂停认证证书的,不得将确认的缺陷产品预期交付使用或投入市场,已交付使用的应主动召回,并向现有的和潜在的所有相关采购方告知其认证状态。

5.3.2 认证证书的注销

5.3.2.2 自认证证书注销之日起,停止使用认证证书和认证标志。认证证书注销后不能恢复。

5.3.3 认证证书的撤销

5.3.3.1 凡有下列情况之一者,认证机构应撤销认证委托人持有的认证证书,禁止其使用认证标志,并对外公告:

a)暂停使用认证证书后,6个月未提出恢复申请或12个月未完成整改的。因检验检测周期等特殊原因未完成整改的,按相关规定处理;

b)认证委托人违反国家法律法规、国家级或省级监督抽查结果证明产品出现严重缺陷或一致性存在严重问题的;

c)有关单位、部门或个人反映并经查实,因获证产品缺陷而导致质量责任事故的;

d)出租、出借或者转让认证证书、认证标志,情节严重的;

e)认证委托人提供虚假样品,或获证产品与抽样检验检测样品不一致的;

f) 弄虚作假,采用欺骗、贿赂等不正当手段获取认证证书的;

g) 列入国家信用信息严重失信主体相关名录的;

h) 其他应撤销认证证书的情形。

5.3.3.2 自认证证书撤销之日起,不得使用认证证书和认证标志。

6.1 变更的申请

管理体系改变(例如所有权、生产组织结构发生较大变化时等)、组织隶属关系改变、认证标志的使用方式改变时,认证委托人应在20个工作日内提出认证变更申请并经认证机构确认。

6.3 变更的确认

变更确认后,认证机构应向认证委托人发送变更结果确认通知书。认证变更未通过确认的,不得擅自使用认证标志,一经发现,认证机构将根据本规则5.3条的要求对该产品认证证书做出暂停直至撤销的决定。

8 认证标志的使用

认证证书持有人,准许使用城市轨道交通装备产品认证标志,并应遵守认证证书和认证标志管理规定。获证产品应在本体上加施认证标志,当由于产品特点难以在本体标注,且《城市轨道交通装备产品认证实施规则 特定要求》已有规定时,可以在产品包装和说明书上标注认证标志。

该要求附件1《城市轨道交通装备产品认证工厂质量保证能力要求》中:

5 工厂质量保证能力要求

5.2 职责

5.2.2 工厂应在组织的内部指定一名质量保证负责人和一名认证联络工程师(或联络员)。质量保证负责人应是组织管理层中的一名成员,应具有充分的能力胜任本职工作。不论其在其他方面职责如何,应具有以下方面的职责和权限:

b) 确保加贴认证标志的产品符合认证依据的要求;

e) 建立文件化的程序,确保认证标志的妥善保管和使用;

f) 建立文件化的程序,确保不合格品和获证产品变更后未经认证机构确认,不加贴认证标志。

5.4 文件和记录

5.4.3 工厂需要建立的文件化程序,内容至少应包括:文件控制、记录控制、供应商选择评价控制、原材料检测或验证控制、出厂检测和型式试验控制、不合格品控制、内部质量审核控制、纠正预防措施控制、产品认证标志的保管和使用控制、认证产品变更控制、对认证证书、认证标志的管理和产品一致性的管理要求、安全文明生产的管理要求。

5.13 认证证书和标志▲

对已获得认证证书的产品,工厂对其认证证书和标志的管理及使用应符合认证标志管理规定。对于统一印制的标准规格产品认证标志或采用印刷、模压等方式加施的认证标志,工厂应保存使用记录。

对于下列产品,不得加施认证标志或放行:

a) 未获认证的城市轨道交通装备产品;
b) 获证后的变更需经认证机构确认,但未经确认的产品;
c) 超过认证有效期的产品;
d) 已暂停、注销、撤销的证书所列产品;
e) 不合格产品。

六、《城市轨道交通装备产品认证标志使用说明》对认证标志提出的使用要求

第一条 认证标志的式样

认证标志由基本图案和认证机构标志识别信息组成,如下图:

+认证机构标志识别信息

第二条 认证标志的规格

认证标志的整体外形为正圆形,整体外形尺寸(长×高)为 130A×130A,其中 A 为一个基本计量单位。为确保图案清晰完整,最小使用尺寸规定为长度≥15mm,需要时按比例放大或缩小。

第三条 认证标志的颜色

标准规格认证标志的主体颜色为红色,色值为[c-0,m-100,y-100,k-0],灰色部分的色值为[c-0,m-0,y-0,k-50]。

如采用印刷、模压、模制、丝印、喷漆、蚀刻、雕刻、烙印、打戳等方式(以上各种方式以下简称印刷、模压)在产品或产品铭牌上加施认证标志,其底版和图案颜色可根据产品外观或铭牌总体设计情况合理选用。

第四条 认证标志的加施

CURC 认证机构负责制作和发放其发证产品的认证标志,同时有义务告知获证企业认证标志的管理规定,指导获证企业按规定使用认证标志。获证产品可根据产品特点按以下方式选取使用认证标志:

(一)统一印制的标准规格认证标志,可加施在获证产品外体规定的位置上;

(二)印刷、模压的认证标志,可加施在铭牌或产品外体的明显位置上;

(三)获证产品本体不能加施认证标志的,其认证标志可加施在装备的最小包装上及随附文件中;

(四)获证产品不能按以上方式加施认证标志的,可在装备本体上印刷或者模压"CURC"标志的特殊式样;

(五)可以在获证产品外包装上加施认证标志。

第九章
城市轨道交通装备产品认证采信

第一节 城市轨道交通装备产品认证采信概述

一、认证采信的概念

认证采信,指认证认可结果采信相关方对认证认可结果的了解、认同和接受的过程。

认证采信通常包含以下三个方面:

一是政府采信。政府在政策文件中,或在政府采购的要求中,将产品认证作为政府采购或政策实施的先决条件。

二是业主采信。业主在采购、招标或供应商评价时,将认证作为招标或采购的先决条件或加分条件。

三是消费者认可。消费者在购买商品时,通过认证标识采信认证结果,建立信任,促进产品消费。

城市轨道交通装备产品认证相关发文中提到的"采信",通常指采购装备产品时,优先选择获得 CURC 认证证书的产品。认证采信是认证制度得以有效实施的关键环节。

二、认证采信工作要求

《国家发展改革委 国家认监委关于开展城市轨道交通装备认证工作的通知》(发改产业〔2016〕2029 号)和《国家认证认可监督管理委员会 国家发展和改革委员会关于印发〈城市轨道交通装备认证实施意见〉及〈城市轨道交通装备产品认证第一批目录〉的通知》(国认证联〔2017〕142 号)中对认证采信工作提出了明确要求。

(一)对行业协会提出的相关工作要求

1. 发改产业〔2016〕2029 号文件要求

九、中城协要切实发挥好行业协会的作用,加强行业自律,组织协会成员单位积极参与认证工作,促进技术标准制定和修订。加强与城轨装备相关方的沟通交流,建立城轨装备产品认证信息交换和共享平台,共同推动认证结果的采信。加强对获证产品生产、使用情况的跟踪和评价,及时向有关部门反馈认证工作中存在的问题和对策建议。

2.《城市轨道交通装备认证实施意见》要求

(二)城轨装备认证工作要充分发挥中国城市轨道交通协会(以下简称城轨协会)等行业组织的自律与监督作用,兼顾运营安全和产业发展实际,切实维护各相关方的共同利益,公平公正推动认证实施、行业参与和应用,促进产业健康持续发展。

(十七)认证机构应加强获证产品的证后监督,城轨协会应加强对获证装备生产、使用情况的跟踪和评价,及时向有关部门反馈认证工作中存在问题和对策建议。

(二十一)城轨协会要积极引导城轨项目业主(含PPP项目单位)、建设单位、城轨装备制造企业等会员单位重视认证结果的采信,建立城轨装备认证信息交换和共享平台,共同推动认证结果的采信。

(二)对应用单位提出的相关工作要求

1. 发改产业〔2016〕2029号文件要求

六、城轨项目业主、建设单位、城轨装备制造企业等要重视认证结果的采信,积极将认证结果应用于供应商质量信用评价、招投标采购、装备制造和工程建设监督、验收等环节。

2.《城市轨道交通装备认证实施意见》要求

(十七)认证机构应加强获证产品的证后监督,城轨协会应加强对获证装备生产、使用情况的跟踪和评价,及时向有关部门反馈认证工作中存在问题和对策建议。

(十九)各省区市认证认可监督管理部门应积极推动相关认证认可质量基础设施建设,促进城轨装备认证结果服务于各省区市质量强省(区、市)、质量品牌发展、质量基础设施建设工作。

(二十)各省区市发展改革委要采取积极措施,鼓励采购和应用单位优先使用认证目录内的获证装备,营造有利于产业发展的良好环境。

(二十一)城轨协会要积极引导城轨项目业主(含PPP项目单位)、建设单位、城轨装备制造企业等会员单位重视认证结果的采信,建立城轨装备认证信息交换和共享平台,共同推动认证结果的采信。

第二节 认证采信工作推进情况

一、组织业主单位签署采信公约

2019年9月10日,在中国城市轨道交通协会的组织下,在业主领导人广州峰会上,由广州、上海、北京、深圳和重庆5家会长单位牵头,当时所有业主单位(共计45家)共同签署了《城市轨道交通装备产品认证采信公约》,承诺将自觉采信装备产品认证结果。

《城市轨道交通装备产品认证采信公约》内容如下:

为推动我国城市轨道交通装备产品认证工作开展,提升产品质量和可靠性、分担应用风险、规范市场准入、保障运营安全,我单位自愿签署《城市轨道交通装备产品认证采信公约》,并承诺将切实履行以下条款中载明的全部事项:

一、认真贯彻落实国家发展和改革委员会、国家市场监督管理总局等相关部门及中国城市轨道交通协会就产品认证工作发布的相关文件和要求;

二、认真执行城市轨道交通装备认证技术委员会通过并发布的关于装备产品认证和采信的相关决议;

三、自觉采信装备产品认证结果,积极将认证结果应用于招投标采购、供应商质量信用评价、装备制造和工程建设监督、验收等环节;

四、确定专人负责获证产品质量跟踪与管理反馈工作,按时向中国城市轨道交通协会提供获证产品采购及产品运行情况统计报告,与各缔约单位共享获证产品采信及质量信息。

本公约自缔约单位代表人签字之日起生效。

签署单位包括:广州地铁集团有限公司、上海申通地铁集团有限公司、北京市地铁运营有限公司、重庆市轨道交通(集团)有限公司、深圳市地铁集团有限公司、北京市基础设施投资有限公司、北京市轨道交通建设管理有限公司、天津轨道交通集团有限公司、南京地铁集团有限公司、成都轨道交通集团有限公司、武汉地铁集团有限公司、沈阳地铁集团有限公司、长春市轨道交通集团有限公司、大连地铁集团有限公司、西安市轨道交通集团有限公司、哈尔滨地铁集团有限公司、宁波市轨道交通集团有限公司、无锡地铁集团有限公司、苏州市轨道交通集团有限公司、合肥市轨道交通集团有限公司、南昌轨道交通集团有限公司、郑州地铁集团有限公司、长沙市轨道交通集团有限公司、佛山市铁路投资建设集团有限公司、杭州市地铁集团有限责任公司、福州地铁集团有限公司、昆明轨道交通集团有限公司、济南轨道交通集团有限公司、南宁轨道交通集团有限责任公司、贵阳市城市轨道交通集团有限公司、青岛地铁集团有限公司、东莞市轨道交通有限公司、石家庄市轨道交通集团有限责任公司、兰州市轨道交通有限公司、呼和浩特市城市轨道交通建设管理有限责任公司、洛阳市轨道交通有限责任公司、广东广佛轨道交通有限公司、太原市轨道交通发展有限公司、温州市铁路与轨道交通投资集团有限公司、乌鲁木齐城市轨道集团有限公司、常州市轨道交通发展有限公司、厦门轨道交通集团有限公司、徐州市城市轨道交通有限责任公司、绍兴市轨道交通集团有限公司、南通城市轨道交通有限公司。

二、组织产品认证专员培训

为有效推动城市轨道交通装备产品认证及采信工作开展，中国城市轨道交通协会组织开发了产品认证专员培训课程，并于 2019 年 10 月 28—29 日面向业主单位开展了第一期培训，希望城轨装备产品认证专员能成为城轨认证领域的开拓者、城轨运营安全的守护者。

该课程已成为协会的常态化培训课程，致力于为行业培养更多相关人才，使城轨认证工作扎根基层，助推行业高质量发展。

三、发布全面启动认证采信工作的通知

2020 年 5 月，已有 5 家国内认证机构获批 CURC 认证资质，开展 CURC 认证工作的条件已完全具备，可正式进入实施阶段。

2020 年 6 月 30 日，经第二届第十四次会长常务办公会审议通过，中国城市轨道交通协会发布《关于全面启动城市轨道交通装备产品认证采信工作的通知》（见附录 G），针对第一批认证目录提出了统一的获证产品采信起始时间表及其他相关工作建议，建议以列表中的时间为起点，行业统一要求采购获得 CURC 认证证书的产品。

确定统一的采信起始时间的意义：保证制造企业具备充足的时间进行认证，进而保证应用单位进行招标采购时具备足够数量的企业投标；推动制造企业尽快开展认证工作，推动认证工作有效运转；通过合理设定共同的起跑线，维护公平的市场竞争环境。

四、澄清评标文件中关于产品认证的相关要求

为推动认证采信工作开展，认证委秘书处对行业普遍采用的 2015 年由中国城市轨道交通协会技术装备专业委员会发布的牵引和信号系统《评标办法》范本中，关于产品认证的相关要求进行了澄清，并提出相应修改建议，具体见附录 H《城市轨道交通牵引和信号系统评标办法范本中关于产品认证要求的澄清与建议》。

此外,协会在 2024 年发起的车辆和牵引系统《评标办法》修改中,拟将认证要求纳入其中。

五、搭建认证信息平台

根据国家发展改革委和国家认监委的相关工作要求,中国城市轨道交通协会负责搭建了中国城市轨道交通认证信息平台。平台汇集了 CURC 认证的政策要求、行业资讯及其他专业信息,创建了获证信息、认证采信和运营状态信息交互共享系统,致力于为行业各相关方获取 CURC 认证信息提供便捷途径,为相关产品的采购应用提供参考。

第十章
城市轨道交通行业认证工作展望

第一节 国家政策方向

2024年9月30日,为深入贯彻落实党的二十大和二十届二中、三中全会精神,在市场监管工作中完整、准确、全面贯彻新发展理念,国家认监委印发《质量认证服务强企强链强县行动方案(2024—2026年)》(国认监〔2024〕11号),其中在"重点任务"部分,两处直接提到轨道交通行业,四处提到行业协会,对城轨行业认证工作开展,提出了要求,指明了方向。

一、对轨道交通行业的要求

"(一)提升质量认证服务强企强链强县供给水平

专栏1:质量认证服务强企强链强县制度供给提升

——推广高端品质认证和服务认证。围绕扩大内需和消费升级,鼓励认证机构在有机、基础材料、汽车芯片、机床、铁路、轨道交通、机器人等领域积极开展高端品质认证,以及养老、健康、金融、民宿、社区服务等领域开展服务认证,提升产品和服务质量。"

"(三)质量认证服务强链

2.支撑全链条质量协同升级。健全覆盖全链条、全流程、全生命周期的合格评定体系,运用国际先进质量标准和方法,在航空、铁路、城市轨道交通、汽车、建筑、信息、环保等重点领域,推动质量认证与产业链深度融合。推行供应链安全管理体系、业务连续性管理体系、合规管理体系等新型管理体系认证,加强产业链供应链质量一致性管控。优化认证服务模式和产业布局,为产业链供应链上下游提供一体化服务。支持链主企业将质量认证协同纳入产业链协同平台支持内容,深化全过程全链条质量认证数据联通共享与开发利用。"

二、对行业协会的要求

"(二)质量认证服务强企

1. 服务企业提质。……聚焦大中型企业转型升级发展需求,鼓励引导企业协同开展质量管理数字化升级和质量管理体系认证工作,鼓励大型企业、协会、产业联盟参与产品、服务、体系认证制度研发。……

2. 服务企业增信。……聚焦企业'走出去'需求,鼓励企业积极参与认证国际化工作,引导认证机构、行业协会、产业联盟服务企业获得海外认证,探索以质量认证为牵引的企业产品、服务、技术、品牌'走出去'创新模式。……

3. 服务企业促贸。……加强企业认证信息服务保障,完善合格评定服务贸易便利化信息平台,引导认证机构、咨询机构、行业学协会、数据服务商开展集成式认证信息咨询服务,鼓励有条件、有意愿的地方政府、市场监管部门、大型企业建设质量认证信息平台。……"

"(四)质量认证服务强县

1. 推动县域经济质量效益型发展。……把增强质量认证创新动能作为县域质量发展和优化营商环境的重要驱动力,建立政产学研用深度融合的质量认证创新体系,地方市场监管部门、认证机构和行业协会等聚焦提升质量保障和竞争能力的关键环节、重点领域,持续提升质量认证服务水平。……"

三、其他要求

此外,方案中还有一些要求为行业认证工作开展拓宽了思路,如:

"(三)质量认证服务强链

1. 提升产业链供应链韧性。……'一链一策'制定质量认证提升方案,形成重点攻关任务清单、质量政策工具清单,确定链长单位、链主企业、链上成员及认证机构,明确质量认证提升的目标、路径和措施。……

3. 助力产业集群培育壮大。依托国家级新区、国家高新技术产业开发区、自由贸易试验区等,打造质量技术和质量管理创新策源地,培育形成具有引领力的质量卓越产业集群。组建一批产业集群质量认证创新合作平台,创新技术研发;推进产业链供应链跨区域分工协作,鼓励京津冀、长三角、粤港澳大湾区、成渝地区双城经济圈、长江经济带等区域,创新区域质量认证合作互助机制,深化质量基础设施协同建设应用,推进质量认证资源跨区域共建共享。"

第二节 协会工作引导

中国城市轨道交通协会在一系列引导行业发展的纲领性文件中,均将认证作为重要保障措施。

一、智慧城轨建设

《中国城市轨道交通智慧城轨发展纲要》(中城轨〔2020〕10号)中提出要"通过团体标准、装备认证、技术评价等支持智能智慧产品的应用"。

二、绿色城轨建设

《中国城市轨道交通绿色城轨发展行动方案》(中城轨〔2022〕56号)中提出要"开展绿色产品认证,助力装备绿色提质"。

三、既有线改造

《中国城市轨道交通既有线改造指导意见》(中国城市轨道交通协会,2024)中提出要"加强检测认证体系,推动各类设备认证和采信全覆盖,制定既有线改造应用新产品、新技术的认证方法"。

质量认证将在推动行业高质量可持续发展和交通强国建设中发挥重要作用。

附录

附录 A
国家发展改革委 国家认监委
关于开展城市轨道交通装备认证工作的通知

发改产业〔2016〕2029 号

各省、自治区、直辖市及计划单列市、新疆生产建设兵团发展改革委、质量技术监督局(市场监督管理部门),各直属检验检疫局,中国城市轨道交通协会:

城市轨道交通是构建安全、高效、环保的城市公共交通体系的重要基础。城市轨道交通装备(以下简称城轨装备)认证是与国际接轨的市场准入方式,是转变政府职能、促进城轨装备产业健康发展的有效措施。依据《中华人民共和国产品质量法》、《中华人民共和国认证认可条例》及《国家认监委关于加快发展自愿性产品认证工作的指导意见》(国认证〔2015〕76 号)相关要求,现就开展城轨装备认证工作有关事项通知如下:

一、为提高城轨装备质量安全水平、规范城轨装备产业市场秩序、提升城轨装备企业自主创新能力,国家发展改革委、国家认监委共同组织推动城轨装备认证工作,根据部门职责对城轨装备认证工作进行协调和监督。

二、国家发展改革委、国家认监委委托中国城市轨道交通协会(以下简称中城协)组建城轨装备认证技术委员会(以下简称技术委员会)。技术委员会负责起草城轨装备产品认证目录和认证规则,协调认证实施过程中出现的技术问题。

三、按照自愿性认证和强制性认证相结合的原则,对车辆、信号系统等重点装备及关键零部件逐步推进自愿性产品认证,力争到 2020 年实现城轨装备重点产品认证全覆盖;对直接关系运营安全和公共安全的城轨装备,依法开展强制性认证。

四、城轨装备认证检测机构须具有国家认监委批准的相关资质,具备与从事城轨装备产品认证活动相适应的认证检验检测等技术能力,严格依据法律法规开展认证工作。建立责任追溯机制,加强诚信体系建设,不断提升认证结果的公信力。

五、城轨装备制造企业要高度重视和积极参与认证工作,按照国家有关产业结构调整、节能减排以及城轨装备自主化等方面的政策法规和技术标准,提升产品一致性管理水平。

六、城轨项目业主、建设单位、城轨装备制造企业等要重视认证结果的采信,积极将认证结果应用于供应商质量信用评价、招投标采购、装备制造和工程建设监督、验收等环节。

七、各省区市发展改革委要会同有关方面为开展城轨装备认证工作创造有利条件。制定和完善相关政策,营造公平、公正、开放的市场环境,鼓励采购和应用单位优先使用城轨装备认证产品。

八、各省区市认证认可监督管理部门要加强对辖区内城轨装备产品认证活动的监督管理,确保认证工作规范有序。及时处置违法违规认证行为,追究有关认证机构和人员的责任,完善认证机构、人员退出机制。

九、中城协要切实发挥好行业协会的作用,加强行业自律,组织协会成员单位积极参与认证工作,促进技术标准制定和修订。加强与城轨装备相关方的沟通交流,建立城轨装备产品认证信息交换和共享平台,共同推动认证结果的采信。加强对获证产品生产、使用情况的跟踪和评价,及时向有关部门反馈认证工作中存在的问题和对策建议。

特此通知。

国家发展改革委

国 家 认 监 委

2016 年 9 月 23 日

附录 B
国家认证认可监督管理委员会　国家发展和改革委员会
关于印发《城市轨道交通装备认证实施意见》
及《城市轨道交通装备产品认证第一批目录》的通知

国认证联〔2017〕142 号

各省、自治区、直辖市及计划单列市、新疆生产建设兵团质量技术监督局(市场监督管理部门)、发展改革委,各直属检验检疫局,中国城市轨道交通协会:

　　现将《城市轨道交通装备认证实施意见》及《城市轨道交通装备产品认证第一批目录》印发给你们,请结合实际认真贯彻落实。

　　附件:1. 城市轨道交通装备认证实施意见
　　　　　2. 城市轨道交通装备产品认证第一批目录

国　家　认　监　委
国家发展改革委
2017 年 12 月 6 日

附件 1

城市轨道交通装备认证实施意见

为深入贯彻落实《中共中央 国务院关于开展质量提升行动的指导意见》和国务院第185次常务会议精神,按照《国家发展改革委 国家认监委关于开展城市轨道交通装备认证工作的通知》(发改产业〔2016〕2029号)要求,有序规范实施城市轨道交通装备(以下简称城轨装备)认证工作,提出以下实施意见。

一、健全工作体系

(一)城轨装备认证是指为提高城轨装备质量安全水平和产业自主创新能力,维护城轨装备生产、使用、管理等有关方面及社会公共利益,由政府主管部门和行业组织共同推动、认证机构承担的自愿性认证活动。

国家认监委、国家发展改革委根据部门职责对城轨装备认证工作进行协调和监督。

(二)城轨装备认证工作要充分发挥中国城市轨道交通协会(以下简称城轨协会)等行业组织的自律与监督作用,兼顾运营安全和产业发展实际,切实维护各相关方的共同利益,公平公正推动认证实施、行业参与和应用,促进产业健康持续发展。

(三)国家认监委、国家发展改革委委托城轨协会组建城轨装备认证技术委员会(以下简称技术委员会)。技术委员会负责提出城轨装备认证目录及规则草案,协调认证实施过程中出现的技术问题,为政府主管部门和相关方提供专业技术建议。

(四)城轨装备认证机构依据认证规则依法开展目录内城轨装备认证,为获证企业颁发认证证书,并对获证企业及产品进行跟踪监督。

二、统一认证目录和规则

(五)认证目录由国家认监委会同国家发展改革委发布。城轨装备认证目录制定应综合考虑装备对安全、环保、节能等因素的影响,同时根据产业发展、装备类型、市场需求及技术标准和规范发布情况分步制定并调整完善。

(六)认证目录内的城轨装备认证规则由国家认监委发布。认证机构开展城轨装备认证要以正式发布的国家标准、行业标准、团体标准和认证技术规范为依据,并在认证规则中明确。

三、统一认证标志

(七)认证目录内的城轨装备认证应使用统一的认证标志。认证标志由基本图案和认证机构标志识别信息组成,如下图:

+认证机构标志识别信息

(八)从事认证目录内城轨装备认证的认证机构可按要求颁发认证证书,并将认证信息及时报送有关部门。城轨协会负责相关信息的汇总、统计、分析工作。

(九)获得城轨装备认证的产品按认证规则要求加施统一的城轨装备认证标志。

四、规范机构资质管理

(十)认证机构应当依法经国家认监委批准,符合国家标准中关于产品认证机构技术能力的通用要求,并具备从事城轨装备认证活动的相关专业技术能力。

(十一)城轨装备认证的检测机构(以下简称检测机构)应当依法经过资质认定,具备对认证目录内装备进行检测的专业能力,由国家认监委批准的城轨装备认证机构签约管理,并由认证机构将相关信息报送国家认监委。

五、明确认证模式和责任

(十二)城轨装备认证一般采用"初始工厂检查+产品抽样检测+获证后监督"模式,也可根据产品特点、质量状况、企业状况、行业结构及运营需要等采用与其相适应的认证模式,及时高效开展认证工作,具体认证模式在认证规则中明确。

(十三)认证委托人可委托城轨装备认证机构进行相应的城轨装备认证,认证机构对符合要求的产品颁发认证证书。

(十四)认证机构应当依照认证规则对获证装备进行跟踪监督,对不能持续符合认证要求的,应作出暂停或者撤销认证证书的处理,并及时公布处理结果。

(十五)认证机构对认证结论负责。检测机构对检测过程、结果和检测报告负责。城轨装备认证获证企业对产品质量承担主体责任,认证机构及检测机构对获证产品质量依法承担相应的连带责任。

六、加强认证监督管理

(十六)从事城轨装备认证工作的认证机构应向国家认监委、国家发展改革委和城轨协会提交年度工作报告。国家认监委会同相关部门开展定期或不定期的监督检查。各省区市认证认可监督管理部门要加强对辖区内城轨装备认证活动的监督管理,确保认证工作规范有序。

(十七)认证机构应加强获证产品的证后监督,城轨协会应加强对获证装备生产、使用情况的跟踪和评价,及时向有关部门反馈认证工作中存在问题和对策建议。

(十八)认证委托人对城轨装备认证机构的认证工作和认证决定有异议的,有权向作出决定的认证机构提出复核。对认证机构的复核结果仍有异议的,可以向国家认监委申诉。

七、推动认证结果采信

（十九）各省区市认证认可监督管理部门应积极推动相关认证认可质量基础设施建设，促进城轨装备认证结果服务于各省区市质量强省（区、市）、质量品牌发展、质量基础设施建设工作。

（二十）各省区市发展改革委要采取积极措施，鼓励采购和应用单位优先使用认证目录内的获证装备，营造有利于产业发展的良好环境。

（二十一）城轨协会要积极引导城轨项目业主（含PPP项目单位）、建设单位、城轨装备制造企业等会员单位重视认证结果的采信，建立城轨装备认证信息交换和共享平台，共同推动认证结果的采信。

附件2

城市轨道交通装备产品认证第一批目录

序号	产品名称(类别)	产品范围	
1	城市轨道交通车辆	车辆	
		车体	
		转向架总成	
		转向架构架	
		悬挂	圆柱螺旋钢弹簧
			金属橡胶弹簧(一系)
			空气弹簧
		轮对组成	
2	城市轨道交通制动系统	空气压缩机	
		制动控制装置	
		制动夹钳单元	
		踏面制动单元	
		合成闸瓦	
		合成闸片	
		铸铁制动盘	
3	城市轨道交通牵引传动系统	牵引逆变器	
		辅助变流器	
		充电机	
		异步牵引电动机	
		车载直流高速断路器	
4	城市轨道交通电动客车列车控制与诊断系统	列车控制与诊断系统	
5	城市轨道交通车辆车门	电动客室侧门	
6	城市轨道交通车辆车钩缓冲装置	地铁车辆车钩缓冲装置	
7	城市轨道交通基于通信的列车运行控制系统(CBTC)	基于通信的列车运行控制系统(CBTC)	
		列车自动监控系统(ATS)	

续上表

序号	产品名称(类别)	产品范围
7	城市轨道交通基于通信的列车运行控制系统(CBTC)	列车自动运行系统(ATO)
		列车自动防护系统(ATP)
		计算机联锁系统(CI)
8	城市轨道交通全自动运行系统	全自动运行系统

附录 C
国家发展改革委办公厅关于加强城市轨道交通车辆投资项目监管有关事项的通知

发改办产业〔2018〕323 号

各省、自治区、直辖市及计划单列市、新疆生产建设兵团发展改革委,有关中央企业,中国城市轨道交通协会:

为深入学习贯彻习近平新时代中国特色社会主义思想和党的十九大精神,深入推进供给侧结构性改革,加强城市轨道交通(以下简称城轨)车辆投资项目监管,有效预防和化解产能过剩,推动城轨装备产业高质量发展,现就有关事项通知如下。

一、加强产能监测预警

(一)建立产能信息报送制度。省级发展改革委、有关中央企业要建立产能监测体系,对本地区、本企业的城轨车辆制造、组装和牵引、制动、信号系统产能等情况进行调查,包括已建成、在建、规划建设的产能规模以及工程建设进度、产品产销、产能利用率等情况,于每年3月底前将上年度情况报送国家发展改革委产业协调司。

(二)加强产能发布和预警。国家发展改革委产业协调司组织中国城市轨道交通协会和相关单位,建立城轨车辆产能预警机制,深入开展产能核查和分析评估,通过全国投资项目在线审批监管平台及时发布产能变动和预警信息,制定完善政策措施,加强对有关地区和企业的指导。

(三)引导企业合理投资。省级发展改革委、有关中央企业要根据城轨车辆市场供需、产能预警情况,及时采取切实有效措施,加强对本地区和所属企业的指导、监督,引导企业投资和市场预期,避免盲目投资,使本地区、本企业产能利用率保持在合理水平。中国城市轨道交通协会要围绕防范和化解产能过剩,积极开展政策解读、新闻宣传、调查研究等工作,进一步加强行业自律,引导会员企业合理投资。

二、完善投资项目监管

(一)明确项目管理监督责任。省级发展改革委要健全投资项目备案规则和程序,严格执行项目代码制度,制定城轨车辆及牵引、制动、信号系统投资项目管理办法,依法依规办理投资项目备案。按照谁审批谁监管、谁主管谁监管的原则,及时掌握投资项目建设进展情况,加强对城轨车辆及牵引、制动、信号系统投资项目的事中事后监管。

(二)严控城轨车辆新增产能。省级发展改革委要采取有效措施,严格控制本地区城轨车辆新增产能。城轨车辆产能利用率低于80%的地区,不得新增城轨车辆产能。企业申请建设扩大城轨车辆产能项目,上两个年度产能利用率应均高于80%。

(三)提高投资项目技术要求。省级发展改革委要加强城轨车辆及牵引、制动、信号系统投资项目管理。城轨车辆投资项目应包含车体、转向架的研发、试验、检测、制造以及列车网络控制系统开发等建设内容。牵引系统投资项目应包含牵引变流器、辅助变流器、电机等关键总成制造、集成以及研发、试验、检测等建设内容。制动系统投资项目应包含制动控制单元、基础制动等子系统制造、集成以及研发、试验、检测等建设内容。信号系统投资项目应包含列车自动监控系统（ATS）、自动防护（ATP）、自动驾驶（ATO）和联锁（CI）等子系统研制、集成以及测试验证等建设内容。

三、加快产业结构调整

（一）优化产业布局结构。省级发展改革委、有关中央企业等要加强城轨车辆产业发展与国家现代综合交通运输体系发展规划、城轨建设规划的衔接，以城轨建设实际需求为导向，在严控新增产能的前提下，积极调整优化产业布局，推动产能向产业基础扎实、配套体系完善、竞争优势明显的地区聚集，着力构建分工合理、优势互补、各具特色的产业发展格局。

（二）推动企业业务转型。省级发展改革委、有关中央企业等要采取有效措施，按照"转型、整合、转移、退出"的思路，积极调整现有城轨车辆制造、组装企业业务结构，推动一批企业逐步转向城轨车辆的架修、大修和维保业务，推动一批企业进行区域优化整合、压缩产能规模，推动一批企业开展国际产能合作、积极探索产能转移途径，推动一批企业发展绿色智能交通等新兴业务。

（三）提升企业竞争实力。城轨装备制造企业要加强自主创新能力建设，加快掌握核心技术，研发先进适用的城轨车辆，形成自主知识产权，提高自主化、智能化、绿色化、服务化水平。要加强资本、技术等合作，积极开展兼并重组和战略协作，不断增强市场竞争力。

四、促进产业规范发展

（一）构建中国标准城轨装备体系。中国城市轨道交通协会、城轨装备制造企业要积极开展城轨车辆等标准制修订，发展团体标准、企业标准，完善城轨装备标准规范。加快构建中国标准城轨装备体系，制定城轨车辆等装备选型技术指引，推动装备统型，为预防和化解产能过剩提供支撑。

（二）加快实施城轨装备认证。省级发展改革委要大力推动城轨车辆等装备认证，积极引导城轨装备制造企业开展认证。在市场准入、推广应用等环节，加大城轨车辆等装备认证采信力度，鼓励优先使用认证产品，提高市场准入门槛，倒逼落后产能退出。

（三）加强城轨项目招投标监管。省级发展改革委要加强对城轨项目招投标活动的监督管理，对违法将项目招标投标与生产企业投资设厂相捆绑等行为，严格予以查处，坚决遏制地方保护主义，维护市场秩序。要创新招投标方式方法，大力推广电子招投标，实行全流程在线交易、信息公开和动态监督，营造良好的市场环境。

国家发展改革委办公厅
2018年3月9日

附录 D
关于促进首台（套）重大技术装备示范应用的意见

发改产业〔2018〕558号

各省、自治区、直辖市人民政府，国务院有关部委、直属机构：

重大技术装备是国之重器，事关综合国力和国家安全。首台（套）重大技术装备（以下简称"首台套"）是指国内实现重大技术突破、拥有知识产权、尚未取得市场业绩的装备产品，包括前三台（套）或批（次）成套设备、整机设备及核心部件、控制系统、基础材料、软件系统等。党的十八大以来，在以习近平同志为核心的党中央坚强领导下，我国重大技术装备发展取得了显著成就，有力支撑了经济发展和国防建设，但产业基础薄弱、创新能力不强等问题尚未得到根本解决，首台套示范应用不畅成为装备制造业创新发展的瓶颈制约。为贯彻落实党中央、国务院关于推进供给侧结构性改革、实施创新驱动发展战略、建设制造强国的决策部署，以首台套示范应用为突破口，推动重大技术装备水平整体提升，经国务院同意，现提出以下意见。

一、总体要求

（一）指导思想。

全面贯彻党的十九大精神，坚持以习近平新时代中国特色社会主义思想为指导，紧紧围绕统筹推进"五位一体"总体布局和协调推进"四个全面"战略布局，坚持新发展理念，认真落实党中央、国务院决策部署，准确把握科技革命和产业变革新趋势，以推进供给侧结构性改革为主线，着力加强协同创新，着力完善政策体系，着力健全保障机制，着力营造良好环境，推动首台套示范应用取得实质性进展，为装备制造业迈向中高端提供坚实保障。

（二）基本原则。

坚持政府引导与市场机制相结合。充分发挥政府部门在顶层设计、公共服务和制度供给等方面的作用，努力消除信息不对称引发的市场失灵；坚持企业主体地位，尊重市场规律，充分调动各类市场主体参与重大技术装备创新的积极性。

坚持政策激励与制度保障相结合。加大政策支持力度，加强科技、产业、财政、金融、保险、军民融合等政策衔接，构建有利于首台套示范应用的政策体系；明确招投标等相关法律法规要求，建立有利于首台套示范应用的保障机制，营造鼓励创新、允许试错、宽容失败的氛围。

坚持供给提升与需求牵引相结合。提高重大技术装备研发计划的前瞻性和针对性，补齐检验检测和公共服务短板，提升首台套产品供给能力和市场认可度；围绕国家重大战略，深入分析产业发展趋势和市场需求，加强首台套产品供需对接，形成市场需求与研发示范相互促进、良性互动的格局。

坚持重点突破与协同推进相结合。聚焦国计民生和国家安全重点领域，确定重大技术装备创新发展和首台套示范应用的主攻方向，实施重点突破；充分发挥地方和行业的积极性，因地制宜,分业施策,在优势和特色领域协同推进首台套示范应用,全面提升重大技术装备对经济发展的支撑能力。

(三)主要目标。

到 2020 年,重大技术装备研发创新体系、首台套检测评定体系、示范应用体系、政策支撑体系全面形成,保障机制基本建立。到 2025 年,重大技术装备综合实力基本达到国际先进水平,有效满足经济发展和国家安全的需要。

二、完善重大技术装备研发创新体系

(四)确定重大技术装备创新重点领域。

根据国家战略需要和应用需求,编制重大技术装备创新目录,确定研发重点和时序。加强目录执行情况跟踪评估,实施动态调整。根据目录确定的重点,抓好国家科技重大专项和重点研发计划涉及重大技术装备现有专项的实施,在科技创新 2030—重大项目和重点研发计划待启动专项中,进一步加强重大技术装备研发。

(五)建设重大技术装备研发创新平台。

依托大型科技企业集团、重点研发机构,设立重大技术装备创新研究院,面向智能化、绿色化、服务化发展方向,加强重大技术装备创新顶层设计,构建重大技术装备创新体系。以国家重点实验室、工程研究中心、技术创新中心、临床医学研究中心等国家科技创新基地为基础,形成重大技术装备关键共性技术研发平台,聚集相关领域优势资源,增强研发创新能力。

(六)加强重大技术装备研发创新合作。

组建由科研院所、制造企业、行业协会等参加的重大技术装备研发创新联盟,增强创新主体实力,推动各类创新主体协同合作。建立优势互补、风险共担、利益共享的产学研用合作机制,紧密围绕应用需求,加强研发与应用衔接,加快创新成果示范应用。支持研发、制造、使用单位合作建立重大技术装备中试基地,搭建产品研制与示范应用之间的桥梁。

(七)健全重大技术装备众创引导机制。

编制重大技术装备众创研发指引,面向社会发布研发需求,发挥众创、众筹、众包和虚拟创新创业社区等多种创新模式的作用,聚集各类创新要素,引导中小企业等创新主体参与重大技术装备研发。加强众创成果评定和供需对接,促进成果转化。

(科技部牵头,国家发展改革委、工业和信息化部、国家能源局、国家国防科工局等参加)

三、健全首台套检测评定体系

(八)规范首台套评定管理。

制定首台套评定办法,明确首台套定义、标准、范围,制定申请、受理、评价、公示、发布等评定程序,确保评定过程公开、公平、公正。根据产业发展实际,确定首台套评定有效期,定期发布并动态调整通过评定的首台套产品目录,作为示范应用的依据。

(九)建立首台套评定机构。

依托重大技术装备创新研究院、行业协会和检验检测机构等,充分利用现有设施和平台,建立首台套评定机构。评定机构根据首台套评定办法开展工作。制定首台套评定机构管理办法,明确评定机构的职责范围、检测评定能力等方面要求。按照"双随机、一公开"原则,加强事中事后监管,增强评定机构的公信力。

(十)提升首台套检测能力。

根据首台套检测评定需求,加强国家重点实验室、工程研究中心、技术创新中心、制造业创新中心、质量检验中心、产业计量测试中心等建设,完善相关标准、计量、检验检测方法和认证制度等,提升检验检测能力。在流程工业等在线检测需求突出的行业,加快建设生产试验线,对首台套产品质量、安全、环保、可靠性等进行全面系统检测。

(国家市场监督管理总局牵头,国家发展改革委、科技部、工业和信息化部、国家能源局、国家国防科工局等参加)

四、构建首台套示范应用体系

(十一)建立首台套示范应用基地。

依托重大工程建设和有条件的行业骨干企业等,建立首台套示范应用基地,作为长期承担相关行业首台套示范应用任务的平台。统筹示范应用基地建设与相关领域发展规划实施,优化示范应用基地布局。加强示范应用基地管理和评估,适时对基地布局进行调整。

(十二)组建首台套示范应用联盟。

依托行业协会、龙头企业,组建由用户、工程设计、设备成套、研发、制造、检测等单位参加的首台套示范应用联盟,搭建供需对接平台。鼓励组建示范应用联合体,通过合资合作等方式建设示范应用生产线。发挥工程公司、设备成套商的集成作用,结合研制和使用需求,制定实施首台套示范应用方案。

(十三)做好首台套示范效果评价。

组织首台套评定机构等单位,按照客观真实、公开透明、科学量化的原则,对首台套示范效果开展评价,总结经验、分析问题、提出改进措施。评价意见可作为标准制修订、保险理赔、评审评比、表彰奖励等依据。

(国家发展改革委牵头,科技部、工业和信息化部、国家卫生健康委员会、国务院国资委、国家市场监督管理总局、国家能源局、国家国防科工局等参加)

五、推动军民两用技术和装备融合发展

(十四)加快先进适用军用技术转为民用。

加强《军用技术转民用推广目录》《国防科技工业知识产权转化目录》与重大技术装备创新目录的衔接,统筹推进"军转民"相关工作。逐步扩大国防科技重点实验室、国防科技工业创新中心等军工科研设施向民口单位开放程度。通过联合孵化、专利转让、技术入股和知识产权托管等方式,加快军工科技成果转化。

(十五)拓宽民口企业参与军品研制渠道。

从军品研制实际需求出发,积极稳妥推进"民参军"相关工作,通过军品装备采购体系、定价机制等改革,促进民口企业参与军品研制和配套,鼓励军工企业开展首台套示范应用。

(十六)搭建首台套研发及示范应用合作平台。

建立军民两用首台套研发及示范应用会商机制和合作平台,研究推动军民两用技术和装备研发创新、成果转化、交流合作、示范应用等重大问题,组织实施首台套示范应用项目和工

程等。

（工业和信息化部、国家国防科工局牵头,国家发展改革委、科技部、财政部、国家知识产权局等参加）

六、加强首台套知识产权运用和保护

（十七）优化知识产权布局。

对首台套产品的核心关键专利申请,依法给予优先审查支持,提高审查质量和效率,增强授权及时性和专利权稳定性。加强首台套产品和技术知识产权战略布局,防范知识产权风险。围绕首台套产业链和价值链,加快培育高价值专利。鼓励知识产权专业服务机构加强首台套知识产权服务。

（十八）促进知识产权成果分享。

按照风险共担、利益分享的原则,鼓励首台套研制、系统集成、示范应用等企业知识产权成果依法分享。推动重大技术装备专利池建设,在重点领域引导建立知识产权联盟,加强合作交流与协同创新。

（十九）加强知识产权保护。

以重大技术装备为重点,根据通过评定的首台套产品目录,进一步加大知识产权执法办案工作力度,严厉打击知识产权侵权假冒行为。完善知识产权纠纷多元解决机制,在重大技术装备等重点领域探索开展知识产权仲裁调解。

（国家知识产权局牵头,工业和信息化部等参加）

七、加大资金支持力度

（二十）加强重大技术装备研发创新支持。

通过中央财政科技计划（专项、基金等）,统筹支持符合条件的重大技术装备及相关共性技术研发。对于符合重大技术装备众创研发指引,经过评定并达到世界先进水平、填补国内空白的众创成果,鼓励其加快成果转化和应用。

（二十一）重点支持公共平台建设运行。

充分利用现有资金渠道,加大对首台套相关公共平台的支持,重点推动重大技术装备创新研究院、关键共性技术研究开发和检测评定机构等平台的建设和运行。

（二十二）积极支持示范应用基地和项目。

利用产业投资基金等渠道,支持首台套示范应用基地和示范应用项目建设。对基础设施完备、综合服务规范、运行效果显著的示范应用基地和创新性、重要性突出的首台套示范应用项目,加大支持力度。

（财政部牵头,国家发展改革委、科技部、工业和信息化部等参加）

八、强化税收政策导向

（二十三）落实现行税收优惠政策。

对从事重大技术装备研发制造的企业,按现行税收政策规定享受企业所得税税前加计扣除优惠,经认定为高新技术企业的,减按15%税率征收企业所得税。企业购置首台套产品,符合现行税收政策条件的,按规定享受税收抵免、固定资产加速折旧等税收优惠政策。

(二十四)调整相关进口税收政策。

根据产业发展情况,调整《产业结构调整指导目录》。根据首台套研发、制造和示范应用情况,兼顾国内产业需求,动态调整《国务院关于调整进口设备税收政策的通知》(国发〔1997〕37号)项下《国内投资项目不予免税的进口商品目录》和《外商投资项目不予免税的进口商品目录》。

(财政部、税务总局、海关总署、国家发展改革委、工业和信息化部、商务部等按职责分工负责)

九、优化金融支持和服务

(二十五)发展融资租赁业务。

落实融资租赁业发展要求,大力推广以租代购、分期偿还等方式,完善首台套产品租赁市场化定价机制,通过融资租赁促进首台套示范应用。鼓励有条件的融资租赁、金融租赁公司设立首台套租赁部门或专业子公司,更好地满足首台套等重点领域融资租赁需求。

(二十六)加强银行信贷支持。

鼓励有条件的商业银行建立首台套企业和项目贷款绿色通道,构建内外部评级相结合的专门信用评价体系,优化审批程序,提高审批效率,积极开展专利权质押、应收账款质押等业务。鼓励开发性、政策性金融机构在业务范围内,为符合条件的首台套示范应用项目提供贷款支持。

(二十七)拓宽直接融资渠道。

依托多层次资本市场体系,支持符合条件的首台套企业资产证券化。通过企业债券、公司债券、短期融资券、中期票据、永续票据、非公开定向融资工具等方式,满足企业融资需求。对首台套企业申请发行债券,纳入现有政策支持范畴,简化审核流程、提高审核效率。充分发挥先进制造产业投资基金、国家新兴产业创业投资引导基金等作用,积极吸引社会资本参与首台套研发、制造和示范应用。

(人民银行牵头,财政部、商务部、中国银行保险监督管理委员会、证监会、国家发展改革委、工业和信息化部等参加)

十、增强保险"稳定器"作用

(二十八)继续实施首台套保险补偿政策。

总结首台套保险补偿试点工作经验,根据国家发展战略和市场需要,细化并动态调整首台套推广应用指导目录。密切跟踪试点进展,做好政策解释和舆论宣传,积极营造良好的政策环境和社会氛围,吸引更多企业参与。

(二十九)优化首台套保险运行机制。

优化保险公司共保体的运行模式和机制,完善能进能出的动态调整机制。优化事故责任鉴定流程,建立健全理赔快速通道,积累有关保险数据,不断优化保险方案,提供优质服务。

(三十)鼓励地方和保险机构积极探索。

鼓励有条件的地方结合产业基础、行业特点自主研究制定保险补偿政策,并做好与国家首台套保险补偿政策的区分和衔接。鼓励保险机构根据市场需求,在中央和地方首台套保险补偿政策之外,创新险种、扩大承保范围。

(财政部牵头,工业和信息化部、中国银行保险监督管理委员会等参加)

十一、发挥国有企业作用

(三十一)落实国有企业责任。

充分发挥国有企业在实施创新驱动发展战略、制造强国战略中的骨干和表率作用,增强对重大技术装备创新发展的保障能力。大力推动和积极支持国有企业参与关键共性技术研发平台、检测评定机构、首台套示范应用基地、示范应用联盟等建设,积极采用首台套产品。

(三十二)完善考核评价制度。

在事关国民经济命脉的重要行业和关键领域,加强对国有企业服务国家战略、保障国家安全和发展前瞻性战略性产业以及完成特殊任务的考核。在业绩考核中将首台套研制、示范应用情况等纳入特殊事项清单,作为重要参考依据。

(三十三)建立容错机制。

制定首台套示范应用过失宽容政策,合理界定并适当豁免相关企业及负责人的行政、经济、安全等责任,充分调动和保护应用首台套的积极性,营造支持创新的良好环境和氛围。

(三十四)增强创新示范能力。

围绕重大技术装备创新链,引导和鼓励国有企业之间或与其他所有制企业,以资本为纽带加快兼并重组,通过强强联合、优势互补,横向拓展、纵向延伸,大力培育集研发制造、工程设计、系统集成和建设运营于一体的大型企业集团,增强重大技术装备创新示范能力。

(国务院国资委牵头,应急管理部、审计署、国家发展改革委等参加)

十二、明确法律规定要求

(三十五)落实保障国家安全相关要求。

根据《国家安全法》有关规定,进一步加强重大技术装备创新能力建设,加快发展自主可控的战略高新技术和重要领域核心关键技术。在关系国民经济命脉的重要行业、重大基础设施、重大建设项目等关键领域,积极开展和大力支持首台套研发、制造和示范应用,鼓励使用首台套产品。对影响或者可能影响国家安全的关键技术、装备产品和服务等,加强安全审查,有效预防和化解安全风险。

(三十六)严格执行招标投标法规政策。

根据通过评定的首台套产品目录,项目单位在招标采购同类型产品时,按照《招标投标法》第四十一条规定,原则上采用综合评估法进行评标。在首台套产品投标时,招标单位不得提出市场占有率、使用业绩等要求,不得超出招标项目实际需要或套用特定产品设置评价标准、技术参数等。对于已投保的首台套产品,一般不再收取质量保证金。对于招标人、招标代理机构以不合理条件限制或排斥首台套投标的行为,各级行政监督部门根据《招标投标法》第五十一条等规定从严查处,依法追究相应法律责任。

(三十七)加大政府采购等支持力度。

健全优先使用创新产品的政府采购政策,对首台套等创新产品采用首购、订购等方式采购,促进首台套产品研发和示范应用。其他使用国有资金的项目参照政府采购要求,鼓励采购首台套产品。

(国务院有关部门、各省级人民政府按职责分工负责)

十三、建立实施保障机制

(三十八)加强组织实施领导。

国家发展改革委会同有关部门做好首台套示范应用的统筹协调、组织实施和监督评估等工作。各有关部门按照职责分工,采取切实有效的政策措施,抓好工作任务落实。各省级人民政府结合本地实际,做好本地区首台套示范应用的组织实施。

(三十九)完善配套政策措施。

根据首台套示范应用总体要求和重点任务,由相关职能部门牵头,有关部门参加,抓紧完善相关配套政策措施。尽快制定出台推动重大技术装备研发创新、检测评定、示范应用体系建设的实施方案,促进首台套示范应用的军民融合、知识产权、资金、金融、保险、国资监管等实施细则或政策措施,做好国家安全、招标投标等相关法律法规条款释义和解读工作。

(四十)强化监督检查评估。

各有关部门要加强对政策落实和执行情况的督查检查、跟踪分析工作,适时开展第三方评估,及时报告重要工作进展、存在问题等情况。对出现的新情况新问题深入调查研究,广泛听取意见,及时提出解决办法,不断完善首台套示范应用政策。

(四十一)建立咨询保障机制。

依托有关单位,加强首台套示范应用相关战略规划和政策研究。充分发挥相关行业协会(学会)、咨询机构的作用,做好政策解读和宣传,及时反映示范应用中存在的问题,提出政策建议。利用现代信息、网络技术等手段,搭建首台套示范应用信息服务平台,跟踪和研究国内外重大技术装备发展动态,为相关部门和企业提供信息服务。

(国家发展改革委牵头,国务院有关部门、各省级人民政府按职责分工负责)

国 家 发 展 改 革 委
科　　技　　部
工 业 和 信 息 化 部
司　　法　　部
财　　政　　部
国　　资　　委
国 家 市 场 监 督 管 理 总 局
知 识 产 权 局
2018 年 4 月 11 日

附录 E
认监委关于明确城市轨道交通装备认证机构资质条件及认证实施规则的公告

公告〔2019〕11 号

根据《国家认证认可监督管理委员会　国家发展和改革委员会关于印发〈城市轨道交通装备认证实施意见〉及〈城市轨道交通装备产品认证第一批目录〉的通知》(国认证联〔2017〕142号)有关要求,现将城市轨道交通装备认证机构资质条件明确如下:

一、依法设立并符合《中华人民共和国认证认可条例》、《认证机构管理办法》规定的认证机构基本要求。

二、相应产品认证活动的实施,应当符合 GB/T 27065《合格评定　产品、过程和服务认证机构要求》。

三、认真落实国家相关政策要求,具备从事城市轨道交通装备认证活动的相关专业技术能力:一是自有或签约的检测机构依法经过资质认定且具备对认证目录内产品进行检测的专业能力;二是有 10 名以上具有认证目录内产品专业知识和实践经验的专职认证人员。

四、已开展相应认证领域的自愿性产品认证活动。

具备上述资质条件的认证机构,可按照《城市轨道交通装备产品认证第一批目录》中的产品名称(类别)向认监委提出申请,经批准后方可依据相关认证实施规则(见附件)开展城市轨道交通装备产品认证,在认证证书和获证产品上使用"CURC"认证标志。

(附件略)

国家认监委
2019 年 4 月 30 号

附录 F
关于发布《城市轨道交通装备产品认证标志使用说明》《城市轨道交通装备产品认证证书编号建议》和《CURC 首批目录设备代码表》的通知

各相关单位：

　　由城市轨道交通装备认证技术委员会秘书处起草的《城市轨道交通装备产品认证标志使用说明》《城市轨道交通装备产品认证证书编号建议》和《CURC 首批目录设备代码表》，经城市轨道交通装备认证技术委员会审议通过、市场监管总局认证监管司同意，现予发布，请参照执行。

　　附件：1. 城市轨道交通装备产品认证标志使用说明
　　　　　2. 城市轨道交通装备产品认证证书编号建议
　　　　　3. CURC 首批目录设备代码表

城市轨道交通装备认证技术委员会
2019 年 7 月 9 日

附件1

城市轨道交通装备产品认证标志使用说明

第一条　认证标志的式样

认证标志由基本图案和认证机构标志识别信息组成,如下图:

+认证机构标志识别信息

第二条　认证标志的规格

认证标志的整体外形为正圆形,整体外形尺寸(长×高)为130A×130A,其中A为一个基本计量单位。为确保图案清晰完整,最小使用尺寸规定为长度≥15mm,需要时按比例放大或缩小。

第三条　认证标志的颜色

标准规格认证标志的主体颜色为红色,色值为[c-0,m-100,y-100,k-0],灰色部分的色值为[c-0,m-0,y-0,k-50]。

如采用印刷、模压、模制、丝印、喷漆、蚀刻、雕刻、烙印、打戳等方式(以上各种方式以下简称印刷、模压)在产品或产品铭牌上加施认证标志,其底版和图案颜色可根据产品外观或铭牌总体设计情况合理选用。

第四条　认证标志的加施

CURC认证机构负责制作和发放其发证产品的认证标志,同时有义务告知获证企业认证标志的管理规定,指导获证企业按规定使用认证标志。获证产品可根据产品点按以下方式选取使用认证标志:

(一)统一印制的标准规格认证标志,可加施在获证产品外体规定的位置上;

(二)印刷、模压的认证标志,可加施在铭牌或产品外体的明显位置上;

(三)获证产品本体不能加施认证标志的,其认证标志可加施在装备的最小包装上及随附文件中；

（四）获证产品不能按以上方式加施认证标志的，可在装备本体上印刷或者模压"CURC"标志的特殊式样；

（五）可以在获证产品外包装上加施认证标志。

附件2

城市轨道交通装备产品认证证书编号建议

为便于认证工作的查询、统计、分析及行业装备统型等相关工作联动管理,建议各认证机构按统一规则对认证证书进行编号,编号代码共分5层,具体见图1:

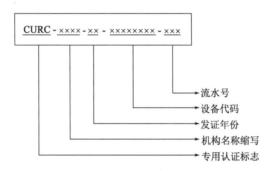

图1:CURC认证证书编号代码示意图

其中:

"机构名称缩写"为大写英文字母。

"发证年份"为认证证书中载明的发证年份,仅写后两位数字。

"设备代码"参考了交通运输部提出编制的《城市轨道交通设施设备分类与代码》中的系统代码表及部分产品排序,采用4层8位代码表示。其中第一层为系统代码,采用2位系统名的拼音首字母表示,第二层至第四层根据各系统特点,按照专业属性逐层细分,最大到第四层,每层采用2位数字型代码表示,从"00"至"99"按顺序编码。认证技术委员会秘书处将根据发布的认证目录制定固定的设备代码表,各认证机构直接查询使用即可。

"流水号"可根据各认证机构业务情况自行设置2~3位。

认证机构也可自定认证证书编号规则,与设备代码相对应,以便查询和统计。

附件 3

CURC 首批目录设备代码表

代码	第一层	代码	第二层	代码	第三层	代码	第四层
CL	车辆	00	车辆	00	车辆	01	A 型车
						02	B 型车
		01	车体	00	车体	01	A 型车车体
						02	B 型车车体
		02	车门	01	电动客室侧门	01	塞拉门
						02	外挂密闭门
						03	外挂移门
						04	内藏移门
				02	司机室门		
				03	间隔门		
				04	紧急逃生门		
		03	车钩	01	地铁车辆车钩缓冲装置	01	自动车钩及缓冲装置
						02	半永久车钩及缓冲装置（含永久车钩及缓冲装置）
		04	转向架	01	转向架总成	01	A 型车动力转向架总成
						02	B 型车动力转向架总成
				02	转向架构架	01	A 型车动力转向架构架
						02	B 型车动力转向架构架
				03	圆柱螺旋钢弹簧	00	圆柱螺旋钢弹簧
				04	金属橡胶弹簧（一系）	00	金属橡胶弹簧（一系）
				05	空气弹簧	01	大曲囊式空气弹簧
						02	小曲囊式空气弹簧
				06	轮对组成	01	动力轮对组成
						02	非动力轮对组成

续上表

代码	第一层	代码	第二层	代码	第三层	代码	第四层
CL	车辆	05	空调				
		06	制动系统	01	空气压缩机	01	活塞空气压缩机组
						02	螺杆空气压缩机组
				02	制动控制装置	00	制动控制装置
				03	制动夹钳单元	01	带停放缸制动夹钳单元
						02	不带停放缸制动夹钳单元
				04	踏面制动单元	01	带停放缸踏面制动单元
						02	不带停放缸踏面制动单元
				05	合成闸瓦	00	合成闸瓦
				06	合成闸片	00	合成闸片
				07	铸铁制动盘	01	轴装铸铁制动盘
						02	轮装铸铁制动盘
		07	牵引系统	01	牵引逆变器	01	750V 直流供电牵引逆变器
						02	1500V 直流供电牵引逆变器
				02	辅助变流器	01	750V 直流供电辅助变流器
						02	1500V 直流供电辅助变流器
						03	750V 直流供电辅助变流器(包含充电机)
						04	1500V 直流供电辅助变流器(包含充电机)
				03	充电机	01	供电网直接供电的充电机
						02	辅助变流器三相交流输出供电的充电机
						03	辅助变流器中间直流电路供电的充电机
				04	异步牵引电动机	00	异步牵引电动机
				05	车载直流高速断路器	00	车载直流高速断路器
		08	辅助供电				
		09	接口				
		10	控制	01	列车控制与诊断系统	00	列车控制与诊断系统
		11	辅助功能				
XH	信号	01	基于通信的列车运行控制系统（CBTC）	01	基于通信的列车运行控制系统（CBTC）	01	各厂家型号
						02	各厂家互联互通型号
				02	列车自动监控系统（ATS）	01	各厂家型号
						02	各厂家互联互通型号
				03	列车自动运行系统（ATO）	01	各厂家型号
						02	各厂家互联互通型号

续上表

代码	第一层	代码	第二层	代码	第三层	代码	第四层
XH	信号	01	基于通信的列车运行控制系统（CBTC）	04	列车自动防护系统（ATP）	01	各厂家型号
						02	各厂家互联互通型号
				05	计算机联锁系统（CI）	01	各厂家型号
						02	各厂家互联互通型号
		02	城市轨道交通全自动运行系统（FAO）	00	城市轨道交通全自动运行系统（FAO）	00	城市轨道交通全自动运行系统（FAO）

附录 G
关于全面启动城市轨道交通装备产品认证采信工作的通知

中城轨〔2020〕37 号

各有关单位：

产品认证是与国际接轨的市场准入方式，是转变政府职能、促进城轨装备产业健康发展的有效措施，国家有关部委早在 2007 年即开始进行相关工作部署。2017 年起，国家不再审核关键装备招投标文件和投标企业资质，城市轨道交通装备市场处于空前开放的激烈竞争状态，产品质量安全风险几乎全部要由业主和其他应用单位自行承担。城市轨道交通装备产品认证（简称 CURC）是由政府主管部门、行业协会及各相关方共同推动的市场准入方式，也是全行业共担安全责任的主要方式。

2019 年 5 月，国家认监委发布《关于明确城市轨道交通装备认证机构资质条件及认证实施规则的公告》（公告〔2019〕11 号），截至 2020 年 6 月 30 日，已有 5 家国内认证机构获批相应的城市轨道交通装备产品认证资质，开展 CURC 认证工作的条件已完全具备，可正式进入实施阶段。

根据《国家发展改革委 国家认监委关于开展城市轨道交通装备认证工作的通知》（发改产业〔2016〕2029 号）和《国家认证认可监督管理委员会 国家发展和改革委员会关于印发〈城市轨道交通装备认证实施意见〉及〈城市轨道交通装备产品认证第一批目录〉的通知》（国认证联〔2017〕142 号）的文件要求，及 2019 年 9 月 10 日当时行业内所有业主单位（计 45 家）领导人在广州集体签署的《城市轨道交通装备产品认证采信公约》，为全面启动 CURC 认证采信工作，经协会第二届第十四次会长常务办公会审议通过，现提出如下建议：

一、统一思想提高责任意识

建议各有关单位包括制造企业主要领导要高度重视认证采信工作，深入学习习近平同志就质量问题发表的一系列重要论述及国家关于质量强国建设的相关文件，结合行业装备自主化和智慧城轨建设等工作，抓住百年未遇之大变局，化危为机，深刻理解国推认证的内涵和城轨行业发展的必然需求，协调招投标、质量管理、审计、监察等相关部门工作程序，明确各自职责，将 CURC 认证采信工作纳入各自流程。

二、健全完善内部管理体系

推动产品认证及产业高质量发展将会成为行业的一项长期重点工作，建议各单位完善管理体系，健全组织机构，设立分管领导、主管部门和专职人员，专项开展认证相关工作。协会将把认证专员培训设为常态化培训课程，不断为应用单位培养相关人才，同时将培训作为一种沟通机制，促进行业组织工作落到实处。

三、交换共享认证采信信息

为实现产品获证、采信及应用情况的交换共享,协会专门搭建了中国城市轨道交通认证信息平台,其中获证信息由 CURC 各认证机构上传共享,采信及应用情况由各应用单位上传共享,建议各单位确定专员负责相关工作,协会将就信息上传工作进行专门的书面或会议培训。

四、监督反馈认证采信问题

对于 CURC 认证、采信及获证产品使用过程中存在的各类管理或技术问题,请各单位及时予以反馈。协会将配合认证认可监督管理部门加强对 CURC 认证活动的检查、监督和管理,及对违法违规认证行为的追究和处理,确保认证工作规范有序。

五、统一行业采信起始时间

为推动 CURC 认证工作有效运转,合理设定共同的起跑线,以维护公平的市场竞争环境,同时保证制造企业具备充足的时间进行认证,进而保证应用单位进行招标采购时具备足够数量的企业投标,协会根据 5 家 CURC 认证机构提供的认证周期,综合确定了第一批目录内每项产品的建议采信起始时间(见附件1),建议以此时间为起点,行业统一要求采购获得 CURC 认证证书的产品。

六、备案认证专员对接工作

建议各相关单位尽快依据国务院主管部门工作要求及行业相关约定启动 CURC 认证采信工作。为有效落实前述工作开展,请各单位于 2020 年 7 月 10 日前向协会备案一名认证专员(见附件2),负责认证事务对接、信息采集、报告编制及问题反馈等工作。

协会将每年向国家发展改革委和国家认监委上报认证采信工作情况和存在的困难,实时反映亟须解决的问题、难点,对城轨装备产品采信状况优异的单位,将在行业年度会议上予以表彰。

协会认证工作联络人:
付德莹　13810230385
买思涵　13103719659　　rzw@camet.org.cn

附件:1. 城市轨道交通装备产品认证第一批目录产品建议采信起始时间表
　　　2. 城市轨道交通装备产品认证专员信息备案表

中国城市轨道交通协会
2020 年 6 月 30 日

附件 1

城市轨道交通装备产品认证第一批目录内产品建议采信起始时间表

序号	产品名称（类别）	产品范围		建议采信起始日期	系统采信起始日期
1	城市轨道交通车辆	车辆		2020/12/1	2020/12/1
2		车体		2020/11/1	
3		转向架总成		2020/12/1	
4		转向架构架		2020/11/1	
5		悬挂	圆柱螺旋钢弹簧	2020/10/1	
6			金属橡胶弹簧（一系）	2020/12/1	
7			空气弹簧	2020/12/1	
8		轮对组成		2020/10/1	
9	城市轨道交通制动系统	空气压缩机		2020/11/1	2020/11/1
10		制动控制装置		2020/10/1	
11		制动夹钳单元		2020/10/1	
12		踏面制动单元		2020/10/1	
13		合成闸瓦		2020/10/1	
14		合成闸片		2020/10/1	
15		铸铁制动盘		2020/10/1	
16	城市轨道交通牵引传动系统	牵引逆变器		2020/11/1	2020/11/1
17		辅助变流器		2020/11/1	
18		充电机		2020/10/1	
19		异步牵引电动机		2020/10/1	
20		车载直流高速断路器		2020/10/1	
21	城市轨道交通电动客车列车控制与诊断系统	列车控制与诊断系统		2020/11/1	2020/11/1

续上表

序号	产品名称(类别)	产品范围	建议采信起始日期	系统采信起始日期
22	城市轨道交通车辆车门	电动客室侧门	2021/1/1	2021/1/1
23	城市轨道交通车辆车钩缓冲装置	地铁车辆车钩缓冲装置	2020/11/1	2020/11/1
24	城市轨道交通基于通信的列车运行控制系统(CBTC)	基于通信的列车运行控制系统(CBTC)	2021/1/1	2021/1/1
25		列车自动监控系统(ATS)	2020/12/1	
26		列车自动运行系统(ATO)	2020/12/1	
27		列车自动防护系统(ATP)	2020/12/1	
28		计算机联锁系统(CI)	2020/12/1	

附件2

城市轨道交通装备产品认证专员信息备案表

单位名称	
分管领导	
所在部门	
专员姓名	
职　务	
职　称	
手　机	
邮　箱	
微　信	

注：请于7月10日前发送至 rzw@camet.org.cn

附录 H
城市轨道交通牵引和信号系统评标办法范本中
关于产品认证要求的澄清与建议

2014年,为规范招投标文件,协会受国家发展改革委产业司委托,发布了《城市轨道交通车辆评标办法(修改版1)》《城市轨道交通牵引系统评标办法(修改版1)》《城市轨道交通信号系统评标办法(试行版)》,供各业主单位开展招标工作时试行,至今,大多数单位仍在延用该办法。

近两年,协会开始大力推动城市轨道交通装备产品认证(CURC)采信工作,建议各应用单位将认证要求纳入招标文件。对此,部分单位仍延用了上述《评标办法》中的相关表述,部分单位根据自身情况和需求进行了适用性修改。

由于近两年 CURC 认证工作出现较多变化,原《评标办法》中的部分表述已不符合实际发展情况,集中修改又需要一定时间,为此,我们先对《城市轨道交通牵引系统评标办法(修改版1)》《城市轨道交通信号系统评标办法(试行版)》中,与认证相关的要求进行部分澄清、说明,并基于原文提出修改建议,供各单位制定招标文件时参考。

对牵引系统评标办法范本中关于产品认证要求的澄清与建议

在《城市轨道交通牵引系统评标办法(修改版1)》第14页中,对"行业认证"的要求表述为"提供 URCC 出具的城市轨道交通装备安全认证证书的得10分,否则得0分"。

说明一:城市轨道交通装备产品认证活动的名称

2016年9月,《国家发展改革委 国家认监委关于开展城市轨道交通装备认证工作的通知》(发改产业〔2016〕2029号)发布,自此,行业开始统一按"城市轨道交通装备认证"表述相关工作或活动,也可称"城市轨道交通装备产品认证""城轨装备认证""城轨装备产品认证""城市轨道交通装备产品认证"等。

城市轨道交通装备产品认证,英文定名为"China Urban Rail Certification",简称"CURC",为便于理解和应用,通常称为"CURC 认证",其实最后一个"C"即是认证的缩写。

CURC 认证,指在国家认监委会同国家发展改革委发布的产品目录范围内,由国家认监委批准的具备城市轨道交通装备产品认证资质的认证机构,依据国家认监委发布的统一的认证实施规则,对申证产品进行认证,对合格产品标识统一认证标志的活动。CURC 认证属国家统一推行的(简称"国推")自愿性产品认证,目录外的城轨装备产品认证,不能使用 CURC 认证标志。

之前行业普遍开展的"功能安全认证",作为 CURC 认证要素之一,纳入认证流程(适用时)。也就是说,适用开展功能安全认证的产品,需要通过功能安全认证,方可获得 CURC 认证证书。

说明二:URCC 与 CURC

URCC 为2017年之前,城轨装备产品认证活动的相关简称,上述引文中,URCC 指开展认证活动的认证机构的简称,当时行业只有一家城轨装备产品认证机构——中铁检验认证中心(简称 CRCC),为与铁路产品认证区分,城市轨道交通装备产品认证称为"URCC",行业通常也把城轨装备产品认证活动称为"URCC 认证"。

自 2017 年开始,国家主管部门要求引入竞争机制,其他相关机构开始涉足城轨装备产品认证工作。

2017 年 12 月 6 日,《国家认证认可监督管理委员会 国家发展和改革委员会关于印发〈城市轨道交通装备认证实施意见〉及〈城市轨道交通装备产品认证第一批目录〉的通知》(国认证联〔2017〕142 号)发布,确定了城轨装备产品认证的统一标志(如下图),标志中启用了新的简称——CURC。

+认证机构标志识别信息

所以,自 142 号文发布之日起,"CURC"已取代"URCC",且仅为城轨装备产品认证活动的简称,不再作为认证机构简称。

现在所称"CURC 认证机构",指由国家认监委批准的,可以开展 CURC 认证活动的认证机构。目前共有 6 家机构具备相关资质,获批资质范围可通过协会官网查询。6 家机构均有各自的英文简称,罗列如下,供了解。

CURC 认证机构名称	简称
中铁检验认证中心有限公司	CRCC
北京鉴衡认证中心有限公司	CGC
中国船级社质量认证有限公司	CCSC
上海轨道交通检测认证(集团)有限公司	SRCC
交铁检验认证中心(成都)有限公司	JRCC
方圆标志认证集团有限公司	CQM

建议:牵引传动系统招标时如何提出认证要求

强调一个关键问题:牵引传动系统没有整系统的 CURC 认证要求,只对其中的关键部件提出了 CURC 认证要求。

在《城市轨道交通装备产品认证第一批目录》中(见下表),"产品范围"栏目内的产品为需要进行认证的产品,城市轨道交通牵引传动系统中,需要进行认证的产品包含牵引逆变器、辅助变流器、充电机、异步牵引电动机和车载直流高速断路器,与车辆和 CBTC 系统不同,牵引传动系统和制动系统因当时标准不完善,均未提出系统级产品认证要求。

城市轨道交通装备产品认证第一批目录

产品名称(类别)	产品范围		
城市轨道交通车辆	车辆		
	车体		
	转向架总成		
	转向架构架		
	悬挂	圆柱螺旋钢弹簧	
		金属橡胶弹簧(一系)	
		空气弹簧	
	轮对组成		
城市轨道交通制动系统	空气压缩机		
	制动控制装置		
	制动夹钳单元		
	踏面制动单元		
	合成闸瓦		
	合成闸片		
	铸铁制动盘		
城市轨道交通牵引传动系统	牵引逆变器		
	辅助变流器		
	充电机		
	异步牵引电动机		
	车载直流高速断路器		
城市轨道交通电动客车列车控制与诊断系统	列车控制与诊断系统		
城市轨道交通车辆车门	电动客室侧门		
城市轨道交通车辆车钩缓冲装置	地铁车辆车钩缓冲装置		
城市轨道交通基于通信的列车运行控制系统	基于通信的列车运行控制系统(CBTC)		
	列车自动监控系统(ATS)		
	列车自动运行系统(ATO)		
	列车自动防护系统(ATP)		
	计算机联锁系统(CI)		
城市轨道交通全自动运行系统	全自动运行系统		

也就是说,在《城市轨道交通牵引系统评标办法》中,只能对牵引逆变器、辅助变流器、充电机、异步牵引电动机和车载直流高速断路器提出"应获得 CURC 认证证书"或者具备 CURC 认证证书如何加分的要求,目前没有整系统的 CURC 认证证书,业主可根据实际工作需要,自行提出认证要求,但该认证不属 CURC 认证范畴。

如果未采用"异步牵引电动机",可删除关于该产品的获证要求并调整总分值。

《城市轨道交通牵引系统评标办法》修改建议

"行业认证"对应的"评分标准说明"栏,修改为:牵引逆变器、辅助变流器、充电机、异步牵引电动机和车载直流高速断路器等5个产品,每个产品分值为2分,通过CURC认证的分别各得2分,否则得0分。以各产品CURC认证证书复印件为证明材料。

对信号系统评标办法范本中关于产品认证要求的澄清与建议

在《城市轨道交通信号系统评标办法(试行版)》第9页中,对"产品认证"的要求表述为"ATP、联锁通过SIL4认证(需出具认证证书)"。

说明一:信号系统的CURC认证范围

在《城市轨道交通装备产品认证第一批目录》中,CBTC系统的认证产品范围包括CBTC系统和ATS、ATO、ATP、CI等4个子系统,也就是说,CBTC的整个系统和列出的4个子系统均须认证。

说明二:SIL认证与CURC认证

CURC认证同前,不再赘述。

SIL认证,就是前边提到的功能安全认证,目前已作为CURC认证要素之一,纳入认证流程(适用时)。在CURC认证工作开始前,功能安全认证在信号领域已广泛应用。

根据CURC认证实施规则要求,CBTC系统和ATS、ATO、ATP、CI等4个子系统均须通过功能安全认证,具体的功能安全完整性等级要求如下:

产品范围	功能安全完整性等级
基于通信的列车运行控制系统(CBTC)	SIL4
列车自动监控系统(ATS)	SIL2
列车自动运行系统(ATO)	SIL2
列车自动防护系统(ATP)	SIL4
计算机联锁系统(CI)	SIL4

建议:信号系统招标时如何提出认证要求

鉴于只有在ATS、ATO、ATP、CI等4个子系统均通过CURC认证的情况下,才可通过CBTC系统认证,所以仅对CBTC系统提出CURC认证要求,即可覆盖各子系统的认证要求。

同时,也无须对上述系统单独提出功能安全认证及相应的功能安全完整性等级要求,因为获得CURC认证即表示已通过相应的功能安全认证、满足上表中的功能安全完整性等级要求,除非应用单位另有要求。

《城市轨道交通信号系统评标办法》修改建议

"产品认证"对应的"评审标准说明"栏修改为:通过CURC认证。以CURC认证证书复印件为证明材料。

其 他 说 明

目前《城市轨道交通信号系统评标办法(试行版)》对产品认证的要求严于《城市轨道交通

牵引系统评标办法(修改版1)》,前者对产品认证的要求列在"第一阶段符合性检查表"中,表示未通过相关认证视为不符合投标要求。后者为加分项。

本文仅基于原《评标办法》提出澄清和修改建议,应用单位可自行将牵引系统的认证要求纳入"第一阶段符合性检查表"。

截至2021年4月,共有6家信号企业通过CURC认证;牵引系统的5个关键部件均有3家以上企业获证,完全可满足招标需求。

CURC认证目前为行业底线要求,应用单位可根据实际需要,提高相关要求。

我们将在第二批认证目录草案中引入牵引和制动的系统级产品认证。

附录 I
市场监管总局　国家发展改革委关于发布
《城市轨道交通装备产品认证第二批目录》的公告

2023 年第 44 号

根据《国家发展改革委　国家认监委关于开展城市轨道交通装备认证工作的通知》（发改产业〔2016〕2029号）、《国家认监委　国家发展改革委关于印发〈城市轨道交通装备认证实施意见〉及〈城市轨道交通装备产品认证第一批目录〉的通知》（国认证联〔2017〕142号），现发布《城市轨道交通装备产品认证第二批目录》。

市场监管总局　国家发展改革委
2023 年 9 月 20 日

城市轨道交通装备产品认证第二批目录

序号	产品名称（类别）	产品范围		依据标准
1	城市轨道交通工务产品	桥梁支座	桥梁隔震橡胶支座	GB/T 20688.2《橡胶支座 第2部分:桥梁隔震橡胶支座》
2			桥梁盆式支座	CJ/T 464《城市轨道交通桥梁盆式支座》
3			桥梁球型钢支座	CJ/T 482《城市轨道交通桥梁球型钢支座》
4		预制混凝土衬砌管片		GB/T 22082《预制混凝土衬砌管片》
5		有砟轨道预应力混凝土枕		GB/T 37330《有砟轨道轨枕 混凝土枕》
6		梯形轨枕		CJ/T 401《梯形轨枕技术条件》
7		聚氨酯泡沫合成轨枕		CJ/T 399《聚氨酯泡沫合成轨枕》
8	城市轨道交通牵引传动系统	牵引系统		T/CAMET 04002.5《城市轨道交通电动客车牵引系统 第5部分:牵引系统组合试验方法》
9		永磁同步电机		GB/T 25123.4《电力牵引 轨道机车车辆和公路车辆用旋转电机 第4部分:与电子变流器相连的永磁同步电机》
10		制动电阻		GB/T 25118《轨道交通 机车车辆电气设备开启式功率电阻器规则》
11	城市轨道交通供电系统	110kV 主变压器		1.GB/T 1094.1《电力变压器 第1部分:总则》 2.GB/T 6451《油浸式电力变压器技术参数和要求》 3.GB 20052《电力变压器能效限定值及能效等级》
12		牵引变压器		1.CJ/T 370《城市轨道交通直流牵引供电整流机组技术条件》 2.GB/T 35553《城市轨道交通机电设备节能要求》
13		整流器		1.GB/T 3859.1《半导体变流器 通用要求和电网换相变流器 第1-1部分:基本要求规范》 2.CJ/T 370《城市轨道交通直流牵引供电整流机组技术条件》
14		直流开关柜		GB/T 25890.6《轨道交通 地面装置 直流开关设备 第6部分:直流成套开关设备》
15		排流柜		1.GB/T 25890.6《轨道交通 地面装置 直流开关设备 第6部分:直流成套开关设备》 2.GB/T 3859.1《半导体变流器 通用要求和电网换相变流器 第1-1部分:基本要求规范》
16		单向导通装置		1.GB/T 25890.6《轨道交通 地面装置 直流开关设备 第6部分:直流成套开关设备》 2.GB/T 3859.1《半导体变流器通用要求和电网换相变流器 第1-1部分:基本要求规范》

续上表

序号	产品名称（类别）	产品范围		依据标准
17	城市轨道交通供电系统	交流35kV开关柜		GB/T 3906《3.6kV~40.5kV 交流金属封闭开关设备和控制设备》
18	城市轨道交通通信系统	车地综合通信系统（LTE-M）	终端设备	1. T/CAMET 04006.1《城市轨道交通车地综合通信系统(LTE-M)接口规范 第1部分:空中接口》 2. T/CAMET 04006.3《城市轨道交通车地综合通信系统(LTE-M)接口规范 第3部分:集群业务功能和接口》 3. T/CAMET 04007.2《城市轨道交通车地综合通信系统(LTE-M)设备技术规范 第2部分:终端设备技术》 4. T/CAMET 04008.2《城市轨道交通车地综合通信系统(LTE-M)测试规范 第2部分:集群业务功能和接口测试》 5. T/CAMET 04008.5《城市轨道交通车地综合通信系统(LTE-M)测试规范 第5部分:终端设备测试》
19	城市轨道交通车站设备	站台屏蔽门		CJ/T 236《城市轨道交通站台屏蔽门》

附录 J
国家认监委关于发布第二批城市轨道交通装备产品认证实施规则的公告

2023 年第 22 号

根据《国家认证认可监督管理委员会 国家发展和改革委员会关于印发〈城市轨道交通装备认证实施意见〉及〈城市轨道交通装备产品认证第一批目录〉的通知》(国认证联〔2017〕142 号)和《市场监管总局国家发展和改革委员会关于印发〈城市轨道交通装备产品认证第二批目录〉的公告》(2023 年第 44 号),国家认监委制定了城市轨道交通工务产品、城市轨道交通供电系统、城市轨道交通通信系统、城市轨道交通车站设备 4 类产品的认证实施规则,同时修订了城市轨道交通牵引传动系统和城市轨道交通基于通信的列车运行控制系统(CBTC)2 类产品的认证实施规则,现予以发布,自发布之日起实施。

已经颁发的城市轨道交通牵引传动系统和城市轨道交通基于通信的列车运行控制系统(CBTC)有效认证证书可继续使用,认证证书转换工作采取到期换证、产品变更等自然过渡方式完成。

附件:1. 城市轨道交通装备产品认证实施规则 特定要求—城市轨道交通工务产品(略)
2. 城市轨道交通装备产品认证实施规则 特定要求—城市轨道交通供电系统(略)
3. 城市轨道交通装备产品认证实施规则 特定要求—城市轨道交通通信系统(略)
4. 城市轨道交通装备产品认证实施规则 特定要求—城市轨道交通车站设备(略)
5. 城市轨道交通装备产品认证实施规则 特定要求—城市轨道交通牵引传动系统(略)
6. 城市轨道交通装备产品认证实施规则 特定要求—城市轨道交通基于通信的列车运行控制系统(CBTC)(略)

国家认监委
2023 年 10 月 31 日

附录 K
关于转发《市场监管总局 国家发展改革委关于发布〈城市轨道交通装备产品认证第二批目录〉的公告》和《国家认监委关于发布第二批城市轨道交通装备产品认证实施规则的公告》的通知

各有关单位：

2023年10月13日和10月31日，《市场监管总局 国家发展改革委关于发布〈城市轨道交通装备产品认证第二批目录〉的公告》(2023年第44号)（附件1）、《国家认监委关于发布第二批城市轨道交通装备产品认证实施规则的公告》(2023第22号)（附件2）分别印发，现予转发，并就有关事项通知如下：

一、认证目录情况说明

第二批目录共计5个类别，包含19个产品，其中：工务产品、供电系统、通信系统、车站设备为新增类别，共包含16个产品；牵引传动系统在第一批目录的基础上新增3个产品。两批目录共计12个类别，包含38个产品（附件3）。

二、认证规则情况说明

第二批规则共计6项，包含新发布4项、修订2项，其中：新发布工务产品、供电系统、通信系统、车站设备4项规则；牵引传动系统，在2019版规则的基础上补充了牵引系统、永磁同步电机、制动电阻3个新增产品的认证要求；CBTC系统，因认证依据标准变更，在2019版规则的基础上对标修订了认证要求。

三、认证机构资质说明

国家认监委将按照认证目录中的"产品类别"分别批复认证机构资质，有条件的机构可以按照认监委2019年11号公告中的要求进行申请；之前已获批牵引传动系统和CBTC系统认证资质的机构，请尽快申请补全新增能力要求。协会将及时在官方网站和公众号（具体见第六项）发布机构资质获批情况，请保持关注。

四、认证采信工作计划

协会将视认证机构资质获批情况，综合分析产品认证周期，适时提出第二批目录产品的采信启始时间建议，以使产品制造方有充裕、合理的时间开展认证工作。时间表仅为建议性质，采购单位亦可提前提出相关要求。

五、认证培训工作计划

协会计划于2023年底组织认证工作培训，为新增的产品制造方和其他有需求的单位提供产品认证专员培训服务,主要包括相关政策解读、基础知识普及、实施规则解读、采信推动建议等,学员通过考试,由协会统一颁发结业证书,具体计划将另行通知。

六、认证信息交流共享

请有业务关联的单位填写附件4,备案一名认证专员,便于交流协调日常工作。认证相关信息可登录中国城市轨道交通认证信息平台(网址:https://certification.camet.org.cn/)或协会公众号(订阅号:中国城市轨道交通协会)查询,如有其他疑问,可致电城轨装备认证技术委员会秘书处联系。

联系人:李楠　010-83935764

特此通知!

附件:(略)

中国城市轨道交通协会
2023年11月5日

附录 L
关于更新《CURC 目录设备代码表》的通知

各 CURC 认证机构：

根据《市场监管总局 国家发展改革委关于发布〈城市轨道交通装备产品认证第二批目录〉的公告》(2023 年第 44 号)、《城市轨道交通装备产品认证证书编号建议》(城轨装备认〔2019〕001 号)，特更新《CURC 目录设备代码表(2023-11)》，现予发布，请各机构据此对认证证书进行编号。

附件：CURC 目录设备代码表(2023-11)

城市轨道交通装备认证技术委员会
2023 年 11 月 5 日

附件

CURC目录设备代码表(2023-11)

代码	第一层	代码	第二层	代码	第三层	代码	第四层
GW	工务产品	01	桥梁	01	桥梁支座	01	桥梁隔震橡胶支座
						02	桥梁盆式支座
						03	桥梁球型钢支座
		02	隧道	01	预制混凝土衬砌管片	01	预制混凝土衬砌管片(流水机组法)
						02	预制混凝土衬砌管片(固定台座法)
		03	轨枕	01	有砟轨道预应力混凝土枕	01	有砟轨道预应力混凝土枕
				02	梯形轨枕	01	预应力混凝土梯形轨枕
				03	聚氨酯泡沫合成轨枕	01	聚氨酯泡沫合成轨枕(整体式)
						02	聚氨酯泡沫合成轨枕(粘接式)
CL	车辆	00	车辆	00	车辆	01	A型车
						02	B型车
		01	车体	00	车体	01	A型车车体
						02	B型车车体
		02	车门	01	电动客室侧门	01	塞拉门
						02	外挂密闭门
						03	外挂移门
						04	内藏移门
				02	司机室门		
				03	间隔门		
				04	紧急逃生门		
		03	车钩	01	地铁车辆车钩缓冲装置	01	自动车钩及缓冲装置
						02	半永久车钩及缓冲装置(含永久车钩及缓冲装置)
		04	转向架	01	转向架总成	01	A型车动力转向架总成
						02	B型车动力转向架总成

续上表

代码	第一层	代码	第二层	代码	第三层	代码	第四层
CL	车辆	04	转向架	02	转向架构架	01	A 型车动力转向架构架
						02	B 型车动力转向架构架
				03	圆柱螺旋钢弹簧	00	圆柱螺旋钢弹簧
				04	金属橡胶弹簧(一系)	00	金属橡胶弹簧(一系)
				05	空气弹簧	01	大曲囊式空气弹簧
						02	小曲囊式空气弹簧
				06	轮对组成	01	动力轮对组成
						02	非动力轮对组成
		05	空调				
		06	制动系统	01	空气压缩机	01	活塞空气压缩机组
						02	螺杆空气压缩机组
				02	制动控制装置	00	制动控制装置
				03	制动夹钳单元	01	带停放缸制动夹钳单元
						02	不带停放缸制动夹钳单元
				04	踏面制动单元	01	带停放缸踏面制动单元
						02	不带停放缸踏面制动单元
				05	合成闸瓦	00	合成闸瓦
				06	合成闸片	00	合成闸片
				07	铸铁制动盘	01	轴装铸铁制动盘
						02	轮装铸铁制动盘
		07	牵引系统	00	牵引系统	01	750V 直流异步牵引系统
						02	1500V 直流异步牵引系统
						03	750V 直流永磁牵引系统
						04	1500V 直流永磁牵引系统
				01	牵引逆变器	01	750V 直流供电牵引逆变器
						02	1500V 直流供电牵引逆变器
				02	辅助变流器	01	750V 直流供电辅助变流器
						02	1500V 直流供电辅助变流器
						03	750V 直流供电辅助变流器(包含充电机)
						04	1500V 直流供电辅助变流器（包含充电机）
				03	充电机	01	供电网直接供电的充电机
						02	辅助变流器三相交流输出供电的充电机
						03	辅助变流器中间直流电路供电的充电机
				04	异步牵引电动机	00	异步牵引电动机
				05	车载直流高速断路器	00	车载直流高速断路器
				06	永磁同步电机	00	永磁同步电机
				07	制动电阻	00	制动电阻

续上表

代码	第一层	代码	第二层	代码	第三层	代码	第四层
CL	车辆	08	辅助供电				
		09	接口				
		10	控制	01	列车控制与诊断系统	00	列车控制与诊断系统
		11	辅助功能				
GD	供电系统	01	供电系统	01	110kV 主变压器	01	110kV 三相叠铁芯油浸式有载调压电力变压器
						02	110kV 三相卷铁芯油浸式有载调压电力变压器
				02	牵引变压器	01	10kV 牵引变压器
						02	35kV 牵引变压器
				03	整流器	01	750V 整流器
						02	1500V 整流器
				04	直流开关柜	01	750V 直流开关柜
						02	1500V 直流开关柜
				05	排流柜	01	750V 排流柜
						02	1500V 排流柜
				06	单向导通装置	01	750V 单向导通装置
						02	1500V 单向导通装置
				07	交流 35kV 开关柜	01	气体绝缘介质交流金属封闭开关柜
TX	通信系统	01	车地综合通信系统（LTE-M）	01	终端设备	01	手持台
						02	车站固定台
						03	车载接入单元 TAU
						04	车载集群终端
XH	信号系统	01	基于通信的列车运行控制系统（CBTC）	01	基于通信的列车运行控制系统（CBTC）	01	各厂家型号
						02	各厂家互联互通型号
				02	列车自动监控系统（ATS）	01	各厂家型号
						02	各厂家互联互通型号
				03	列车自动运行系统（ATO）	01	各厂家型号
						02	各厂家互联互通型号
				04	列车自动防护系统（ATP）	01	各厂家型号
						02	各厂家互联互通型号
				05	计算机联锁系统（CI）	01	各厂家型号
						02	各厂家互联互通型号
		02	城市轨道交通全自动运行系统	00	全自动运行系统	00	全自动运行系统

续上表

代码	第一层	代码	第二层	代码	第三层	代码	第四层
ZT	站台门	01	站台门	01	站台屏蔽门	01	全高封闭式站台屏蔽门
						02	全高非封闭式站台屏蔽门
						03	半高站台屏蔽门

附录 M
关于城市轨道交通牵引传动系统和 CBTC 系统
认证实施规则换版对认证和采信工作产生影响的说明

城轨装备认〔2024〕1 号

各相关单位：

2023 年 10 月 31 日，国家认监委发布第二批城市轨道交通装备产品认证实施规则，其中修订了第一批发布的《特定要求—城市轨道交通牵引传动系统》《特定要求—城市轨道交通基于通信的列车运行控制系统（CBTC）》，修订后规则名称不变，规则编号中的年代号由 2019 变更为 2023。规则修订换版对认证机构资质要求和认证活动均产生一定影响，具体说明如下，各单位可结合实际情况调整采信要求。

一、规则修订情况

（一）《特定要求—城市轨道交通牵引传动系统》

2023 版规则补充了牵引系统、永磁同步电机、制动电阻 3 个新增产品的认证要求，原有 5 个产品的认证要求无变化。

（二）《特定要求—城市轨道交通基于通信的列车运行控制系统（CBTC）》

2023 版规则修订了原有各系统产品的认证依据标准和检测项目等多处内容，具体见附件。

二、对已获证产品的要求

根据国家认监委 2023 年第 22 号公告要求，已经颁发的有效认证证书可继续使用，认证证书转换工作采取到期换证、产品变更等自然过渡方式完成。

三、对认证机构的要求

根据国家认监委秘书处认秘函〔2024〕3 号文件要求，2023 年 10 月 31 日前，认证机构已受理的认证申请，仍可依据 2019 版规则颁发认证证书。2023 年 11 月 1 日起，认证机构受理的认证申请，应依据 2023 版规则颁发认证证书。此前已获批上述两系统认证资质的机构，其自有或签约检测机构应补齐规则所列全部检测项目的 CMA 资质，经国家认监委确认后，方可依据 2023 版规则颁发认证证书。

资质确认情况将在中国城市轨道交通协会官方网站的认证信息平台公示（https://certification.camet.org.cn/certorg）。

四、认证证书差异

（一）依据规则不同

各 CURC 认证机构均以不同方式在认证证书上载明了依据的规则名称和编号，可通过编号中的年代号进行区分。

（二）依据标准不同

可通过认证证书载明的"认证依据的标准、技术要求"的名称和编号进行区分，但该差异仅能识别 CBTC 系统的新旧版差异，牵引传动系统原有的 5 个产品依据标准未进行变更，此处无变化。

各单位可依据上述情况，识别新旧差异，调整采信要求，如仍有疑问，可随时与秘书处工作人员联系。

联系人：李楠　15066270581

附件：《城市轨道交通装备产品认证实施规则　特定要求—城市轨道交通基于通信的列车运行控制系统（CBTC）》修订说明（略）

城轨装备认证技术委员会
2024 年 2 月 29 日

附录 N
城市轨道交通牵引传动系统和 CBTC 系统认证实施规则换版差异表

项点	名称		
	牵引传动系统		CBTC 系统（产品范围无变化）
	原有 5 个产品（牵引逆变器、辅助变流器、充电机、异步牵引电动机、车载直流高速断路器）	新增 3 个产品（牵引系统、永磁同步电机、制动电阻）	
规则版本编号	由 CNCA-CURC-04:2019 变更为 CNCA-CURC-04:2023		由 CNCA-CURC-08:2019 变更为 CNCA-CURC-08:2023
规则依据标准	无变化	新增 3 个产品的认证依据标准	主要是 CZJS 系列标准变更为 CAMET 系列标准
规则具体内容	无变化	新增 3 个产品的认证要求	涉及较多变更，具体见附件(略)
机构资质要求	新增 3 个产品的全部检测项目的 CMA 资质要求。补齐牵引逆变器、辅助变流器、充电机、异步牵引电动机等 4 个产品的部分检测项目的 CMA 资质，涉及目检、验证尺寸和公差、标志检查、外观检查等		新增绝缘耐压、绝缘电阻、尺寸检查、外观检查等 4 项检测项目的 CMA 资质要求。补齐系统功能(含功能和接口)和常温性能的 CMA 资质
认证证书内容	证书中载明的依据的认证实施规则的编号不同		证书中载明的依据的认证实施规则的编号不同。证书中载明的依据的标准、技术要求的名称和编号不同

参 考 文 献

[1] 陈源.中国铁路参与ISO国际标准化工作策略研究[J].中国铁路,2020(3):22-26.

[2] 史秀娈.基于ISO/TS 22163技术规范的银级认证与实施[J].铁道技术监督,2021,49(3):15-20.

[3] 高莺,王锦忠.铁路质量管理体系认证要点解读及发展趋势分析[J].中国铁路,2023(7):73-78,89.

[4] 史秀娈.国际铁路质量管理体系标准及认证的演进(上)[J].铁道技术监督,2024,52(2):4-8.

[5] 王宝亮.ISO 22163:2023与ISO/TS 22163:2017主要内容对比分析[J].铁道技术监督,2024,52(4):16-22.

[6] 姜悦礼.ISO/TS 22163:2017技术规范和能力成熟度集成研发模型的融合及其实施[J].铁道技术监督,2020,48(8):5-11,15.

[7] 董锡明.IRIS 02:2009轨道交通行业质量管理体系:IRIS标准解读与应用[M].中国铁道出版社,2011.

[8] 朱志民.基于EN15085焊接质量体系的管理和应用[J].焊接,2010(11):57-59.

[9] 蒋田芳,徐凯,张文斌.轨道车辆及其零部件的焊接国家标准综述[J].铁道技术监督,2013,41(5):6-9.

[10] 徐艳升,张勇,刘丙臣.EN15085焊接体系运行要素解析及常见问题[J].电焊机,2020,50(4):132-135.

[11] 孙靖先,葛美周,赵香国,等.粘接在轨道交通车辆上的应用进展[J].机车车辆工艺,2020(2):15-16,23.

[12] 教忠建.轨道车辆企业粘接质量管理体系认证基本要求及建议[J].粘接,2020,43(9):43-45.

[13] 唐世军,徐意.信号系统互联互通技术规范认证综述[J].铁道通信信号,2018,54(1):1-5.

[14] 尹刚.欧盟铁路信号系统互联互通技术规范(TSI)认证解析[J].铁路通信信号工程技术,2017,14(4):105-108.

[15] 蒋田芳,张文斌.欧盟铁路互联互通技术规范及欧盟指令符合性认证综述[J].铁道技术监督,2014,42(10):1-6.